D1718525

Matt Willcox

Der Kampf in den Sümpfen

Der Aufstand der Seminolen-Indianer

kibu

© 1979 Kibu-Verlag GmbH
5750 Menden 1 / Sauerland
Umschlagbild von Carlo Demand
Illustrationen Walter Rieck
Printed in Germany
Nachdruck verboten
ISBN 3 88101 583 3

1

Jimmy lag im Stroh und rührte sich nicht. Er sah die Sterne durch eine Öffnung im Dach und schätzte, daß es kurz vor Mitternacht war. Bald würde sein Vater aufwachen und die anderen wecken. Die Stunde nach Mitternacht eignete sich am besten zur Flucht, dann waren die Aufseher müde, und die Hunde lagen schlafend in ihrem Zwinger. Der Junge wischte sich den Schweiß von der Stirn. Es war schwül, und ein lauer Tropenwind raschelte in den Sträuchern vor dem Stall. Bleiches Mondlicht fiel in schmalen Bahnen durch die Fenster herein. Irgendwo rief ein Käuzchen, und ein anderes antwortete ihm.

Jimmy stützte sich auf die Ellbogen. Er war ein großer Junge, und unter seiner dunklen Haut wölbten sich die Muskeln. Er mußte seit vielen Jahren hart arbeiten und war mit seinen elf Jahren schon kräftiger als mancher weiße Junge, der viele Jahre in die Schule ging und kaum körperliche Arbeit verrichten mußte. Jimmy wäre lieber in die Schule gegangen, aber die weißen Siedler mochten keine Neger und hatten ihn und seine Eltern an einen Pflanzer im westlichen Florida verkauft.

Das Schnarchen seines Vater verstummte. Er war von einer Sekunde auf die andere hellwach und stand leise auf. „Es ist soweit", erklang seine dunkle Stimme. „Los, wacht auf! Wir dürfen nicht länger warten!"

Sofort waren alle hellwach. John und Adam und Ben kamen vom Boden hoch und rieben sich den Schlaf aus den

Augen. Jimmys Mutter Maria ließ sich von ihrem Mann auf-
helfen. „Schon, Jim?" fragte sie leise, machte sich aber gleich
daran, die wenigen Habseligkeiten der Familie in eine Decke
zu packen.

Jimmy stieß seine Schwester an. Sie war zwei Jahre jünger
als er und schlief noch fest. Es sah aus, als würde sie nie aufwachen. „Sarah!" rief er. „Sarah! Wach auf! Es ist soweit, wir
müssen los!"

Das Mädchen schlug die Augen langsam auf. „Jimmy, was
ist denn?" meinte sie schläfrig. Sie streckte sich gähnend,
drehte sich auf die andere Seite und erstarrte mitten in der
Bewegung. „Ist es schon so spät?"

„Mitternacht vorbei", antwortete der Junge. Er half Sarah
auf und stützte sie, bis sich ihre Augen an das Halbdunkel
gewöhnt hatten. Er fühlte sich plötzlich sehr erwachsen und
legte seiner Schwester einen Arm um die Schultern. Sie zitterte. „Bleib nachher dicht hinter mir!" sagte er leise zu ihr.
„Dann kann dir gar nichts passieren!" Das war natürlich ge-
logen, denn wenn die Weißen sie entdeckten und die Hunde
auf sie losließen, waren sie alle verloren. Aber Jimmy wollte
seine Schwester nicht unnötig ängstigen. Er hatte selber genug Angst.

„Seid ihr soweit?" fragte Jimmys Vater aus der Dunkelheit. Seine Stimme klang fest und sicher, obwohl er noch vor
dem Abendessen von Barnes ausgepeitscht worden war. Barnes war der Oberaufseher und ließ seinen Ärger immer an den
Sklaven aus, wenn er schlechte Laune hatte. Auch Jimmy und
sogar Sarah hatten seine Peitsche schon zu spüren bekommen.

8

„Alles klar", kam es von Ben. Er hatte die beiden Messer und die Pistole aus dem Versteck gegraben und verteilte sie an die Männer. Er selbst hielt einen abgebrochenen Löffelstiel in der Hand. „Wie sieht's draußen aus?" fragte er.

Jimmys Vater legte einen Finger auf seinen Mund. Er stand dicht neben der morschen Holztür, die lose in den Angeln hing und im Wind quietschte. Er blickte angespannt nach draußen. Nach einer Weile drehte er sich wieder zu den anderen um. „Die Hunde sind ruhig", sagte er, „aber William sitzt auf der Treppe zum Herrenhaus!" William war der Sohn des Pflanzers, ein junger Taugenichts, der nur Alkohol und Frauen im Kopf hatte und in den Tag hineinlebte.

„William?" fragte John erschrocken. Auch die anderen zuckten zusammen. „Was sucht der denn noch draußen?"

„Keine Ahnung", erwiderte Jimmys Vater. „Er raucht 'ne Zigarre und brabbelt vor sich hin!"

„Dann ist er wieder betrunken. Wo ist Barnes?"

Jim zuckte mit den Schultern. „Keine Ahnung. Wahrscheinlich hinter dem Haus bei den anderen . . ."

„Hoffentlich", meinte Ben. Er wußte, daß die Sklaven des Pflanzers auf den Stall und die beiden Baracken hinter dem Herrenhaus verteilt waren, und sich die Aufseher meistens um die zwei Dutzend Sklaven in den Hütten kümmerten. Auf die paar Neger im Stall würden schon die Hunde aufpassen, dachten sie.

„Wollen wir warten, bis William wieder ins Haus verschwindet?" fragte Adam leise.

Jim schüttelte den Kopf. „Das kann Stunden dauern!"

„Warum bringen wir ihn nicht um?" fragte John. „Ich könnte mich mit dem Messer anschleichen und . . ."

„Nicht nötig!" schnitt ihm Ben das Wort ab. Er war ein friedliebender Mensch und wollte Gewalttaten vermeiden, wenn es irgendwie ging. „Wir schleichen zum Bach runter, dort sieht er uns bestimmt nicht." Er atmete tief. „Seid ihr soweit?"

„Ja", kam es von den Männern und Jims Frau.

„Ja", meinte auch Jimmy, der seine Schwester bei der Hand hielt und hoffte, daß sie nicht merkte, wie er zitterte.

„Dann los!" sagte sein Vater. Er öffnete die Tür, unterdrückte einen Fluch, als sie in den Angeln quietschte, und schob sich langsam nach draußen. Der Mond war hinter einer Wolkenbank verschwunden, und der Platz vor dem Herrenhaus lag in vollkommener Dunkelheit. „Mir nach!" flüsterte er. „Schnell! Beeilt euch!"

Jims Frau, die beiden Kinder und die anderen Neger folgten ihm in die Dunkelheit. Maria trug das Bündel mit den Habseligkeiten der Gruppe, John und Ben umklammerten ihre Waffen und hielten nach beiden Seiten Ausschau. Dann folgten die Kinder, und Adam sicherte die Flüchtenden mit der Pistole nach hinten gegen mögliche Verfolger ab. Keiner sprach ein Wort, und jeder konzentrierte sich darauf, so wenig Geräusche wie möglich zu machen. Bis zum Bachufer waren es fast hundert Meter, und sie durften nicht gesehen werden.

Jimmys Vater bewegte sich mit der Geschmeidigkeit einer Wildkatze. Er war ein grobschlächtiger Mann, und die meisten hielten ihn für einen ungelenken Burschen mit zwei linken Füßen. Tatsächlich war er einer der besten Tänzer seines Stammes in Afrika gewesen, und auch die lange Überfahrt nach Amerika und die vielen Jahre der Sklaverei hatten ihn nicht brechen können. Er hatte sich jeden Abend nach der Arbeit in Bewegung gehalten, um nicht ganz abzustumpfen und zum richtigen Zeitpunkt in Form zu sein. Jetzt war es soweit, und er bewegte sich schneller und geschickter als die jungen Männer, die ihm folgten.

Jim schaute nicht zurück. Er sah auch nicht zu William, der immer noch vor dem Herrenhaus saß und rauchte, sondern hielt den Blick starr nach vorn gerichtet. Sie hatten ausgemacht, daß er die Gruppe führen würde und auf die Gefahren achtete, die vor ihnen lauerten. Das konnten die Pferde in der Koppel jenseits des Baches sein, wenn sie unruhig wurden und zu wiehern begannen, aber auch einer der Angestellten aus dem Gesindehaus, das am Waldrand unter einigen Bäumen lag.

Die größte Gefahr aber ging von den fünf Bluthunden aus, die keine hundert Meter von ihnen entfernt im Zwinger schliefen und jeden Augenblick aufwachen konnten. Die Bestien waren von ihrem Besitzer auf Neger dressiert worden und würden die Flüchtenden auf jeden Fall wittern – die Frage war nur, ob Jim und die anderen dann schon weit genug vom Haus entfernt waren, um im Wald unterzutauchen und zum Fluß fliehen zu können.

Sie wollten nach Osten, ins Land der Seminolen. Diese Indianer, die vor einigen Jahren selbst von den Weißen nach

Osten vertrieben worden waren, waren bekannt dafür, daß sie ihre dunkelhäutigen Leidensgenossen freundlich aufnahmen und gegen die Willkür der Siedler schützten. Einige Neger hatten es sogar zu Häuptlingswürden gebracht und führten mehrere Dutzend Krieger in den Verzweiflungskampf gegen den weißen Mann. Sie waren bei den weißen Soldaten als besonders harte Kämpfer bekannt, weil sie im Gegensatz zu den meisten Seminolen den augenblicklichen Tod zu erwarten und somit nichts mehr zu verlieren hatten.

Ein scharrendes Geräusch riß Jim aus seinen trüben Gedanken. Er blieb sofort stehen und erkannte, daß einige Pferde unruhig geworden waren, nervös herumliefen und mit den Hufen im Boden scharrten. Es war Ende April und ging dem Ende der Trockenheit entgegen, und der Boden war trocken und ausgelaugt. Das Geräusch war weithin zu hören.

„Duckt euch!" zischte Jim nach hinten, aber die anderen hatten die Gefahr schon erkannt und lagen flach im Gras. „Ganz still, sonst ist alles aus!"

Jimmy wagte nicht zu atmen. Er hielt die Hand seiner Schwester fest umklammert und spürte, wie ihm der Schweiß aus allen Poren strömte. Was passierte, wenn der betrunkene Sohn des Pflanzers mißtrauisch wurde oder einer der Aufseher auftauchte? Jimmy wagte nicht, daran zu denken. Er preßte seinen Körper ins Gras und hoffte, daß sich die Pferde wieder beruhigten. Sie hatten erst die halbe Strecke zum Bach zurückgelegt.

Neben ihm rührte sich Sarah. „Jimmy! Ich habe Angst!" schluchzte sie leise. „Warum sind wir noch nicht bei den Indianern?"

Der Junge drückte ihre Hand. „Still!" flüsterte er. „Sag jetzt nichts! Sonst schießen die weißen Männer!"

Aber Sarah beruhigte sich nicht. Sie weinte immer lauter, zitterte am ganzen Körper und klammerte sich wie eine Ertrinkende an ihren Bruder. „Jimmy!" wimmerte sie. „Jimmy! Bitte! Ich habe Angst, Jimmy! Hilf mir doch!"

„Runter!" zischte Jimmy erregt. „Ganz ruhig!"

Sein Vater drehte sich besorgt um. So etwas hatte er befürchtet. Das Mädchen war noch nicht alt genug, um die Strapazen einer solchen Flucht zu ertragen. Sie war aufgeregt, hatte Angst und verstand nicht, daß man mitten in der Nacht durch das Gras kriechen mußte. „Weiter!" zischte Jim. „Weiter, verdammt! Schnell! Wir müssen hier weg!"

Die Flüchtenden sprangen auf und rannten um ihr Leben. Niemand achtete mehr darauf, ob er auf trockene Zweige stieg oder ein gutes Ziel gegen den Abendhimmel abgab. Maria hatte das Bündel mit den Habseligkeiten fallen lassen, Jimmy zog seine Schwester hinter sich her. Jetzt zählte nur noch das nackte Leben. „Lauft!" schrie Jim. „Lauft doch, zum Teufel!"

Im Zwinger schlugen die Hunde an. Sie knurrten und bellten und zerrten an ihren Ketten. Im Haus flammte Licht auf, und der Pflanzer kam im Morgenmantel auf die Terrasse gerannt. „Bill! Bill, zum Teufel! Was ist hier los?" rief er, als er seinen betrunkenen Sohn auf den Stufen sitzen sah. „Kannst du nicht reden, zum Teufel?"

William lallte etwas Unverständliches und blickte sich mit immer größer werdenden Augen um, als es um ihn herum le-

bendig wurde. Was hatte das alles zu bedeuten? Er war doch nicht mehr im Gasthof bei Lola und ihren wilden Mädchen? Oder vielleicht doch? Aber was hatten dann die Schüsse zu bedeuten?

Der Pflanzer rannte ins Haus zurück. „Mein Gewehr!" schrie er das verdutzte Dienstmädchen an, das im Nachthemd aus ihrem Zimmer gestürzt kam. Kannst du nicht hören?"

Das Mädchen nickte verstört und holte die Jagdwaffe des Pflanzers aus dem Nebenzimmer. Der alte Mann riß sie ihr aus der Hand und rannte nach draußen, wo William immer noch auf den Stufen saß und nicht verstand, was die ganze Aufregung mitten in der Nacht sollte. Inzwischen waren auch die Dienstboten aus dem Gesindehaus gestürzt, und Barnes und seine Aufseher erschienen auf der Bildfläche und nahmen die Flüchtenden unter Beschuß.

„Da hinten laufen sie!" schrie Barnes, ein untersetzter Mann mit breiten Schultern und stechenden Augen. „Knallt die verdammten Nigger ab! Sie dürfen nicht entkommen!"

Schüsse peitschten durch die Nacht. Männer schrien wild durcheinander, zwängten sich in hastig übergeworfene Hosen und gingen hinter den Büschen im Garten in Stellung. Querschläger heulten davon, und die Hunde im Zwinger bellten und fauchten um die Wette. Pferde wieherten und keilten aus. Pulverrauch zog in dichten Schwaden über die Männer hinweg.

„Verdammt, wir schaffen es nicht!" keuchte Adam. Er hatte seine Pistole längst abgefeuert und warf die Waffe voller Wut den schießenden Aufsehern entgegen. Fast gleichzeitig

traf ihn eine Kugel, und er wurde mitten in der Bewegung herumgewirbelt und zu Boden gestreckt.

„Adam!" schrie Sarah. „Adam! Adam ist tot!"

Jimmy zog sie weiter. „Wir können ihm nicht mehr helfen!" rief er. „Komm jetzt! Schnell!"

Sarah weinte hemmungslos. „Ich kann nicht mehr!"schrie sie in wilder Panik. „Ich kann nicht mehr, Jimmy!"

Der Junge riß sie vom Boden hoch. Er wußte nicht mehr, was er tat. Er wußte nur, daß sie hier weg mußten. Daß sie diesen fürchterlichen Lärm und dieses Schießen hinter sich lassen und im Wald verschwinden mußten. Im Wald hatten sie eine Chance, dort konnten sie untertauchen und die Hunde in die Irre führen. Mit etwas Glück würden sie es sogar bis zum Fluß schaffen.

Die Gedanken im Kopf des Jungen jagten sich. Schreckliche Bilder tauchten vor seinen Augen auf. Er sah John und seinen Onkel Ben unter den Schüssen der Weißen fallen, er hörte das Triumphgeheul der Aufseher, die sich schlimmer als die sogenannten Wilden benahmen, vor denen sie solchen Abscheu hatten. Er sah, wie seine Mutter eine Kugel in den Rücken bekam und zu Boden stürzte. Er konnte nicht weinen und nicht schreien, er wußte ja nicht einmal, ob alles wahr war, was er da sah.

Aber er rannte immer noch. Nur weiter, dachte er. Er rannte und rannte und zog seine Schwester mit letzter Kraft hinter sich her. Dann tauchte das Bild seiner sterbenden Mutter erneut vor seinen Augen auf, und er fuhr mit einem wilden Aufschrei herum und sah, daß es wahr war. Sie lag keine zehn

Meter vor ihm im Gras. Sein Vater beugte sich über sie und schüttelte sie wie ein widerspenstiges Kind. Aber sie bewegte sich nicht und würde sich nie wieder bewegen.

„Mama!" schrie er. „Mama!" Er kümmerte sich nicht mehr um die Kugeln, die dicht neben ihm und seiner Schwester in den Boden schlugen und Dreck aufwirbelten. „Mama! Was ist mit dir?"

Die Schreie des Jungen schreckten seinen Vater aus seiner Erstarrung. „Lauf weiter!" schrie er seinem Sohn zu.

„Kümmere dich nicht um uns! Lauf doch, verdammt!"

Jimmy blickte ihn entsetzt an. „Kommst du nicht mit, Papa?"

Sein Vater schüttelte den Kopf. Für einen Augenblick schien es, als wäre er ganz allein mit seinem Vater. Als führten sie ein vertrauliches Gespräch unter vier Augen. Jimmy ahnte, daß er seinen Vater niemals wiedersehen würde. Er würde bei seiner Frau bleiben und warten, bis ihn eine Kugel der Weißen traf und er über ihr zusammenbrach.

„Lauf doch!" schrie sein Vater wieder. „Verdammt, willst du wohl laufen, du ungezogener Bengel?" Seine Stimme klang jetzt richtig böse, und Jimmy erwachte aus seinem Schock und rannte weiter. Sarah schien gar nicht mehr zu wissen, was um sie herum vor sich ging und folgte ihm stumm. Als sie den Bach erreicht hatten und den Blicken der Aufseher entschwanden, erklang hinter ihnen wütendes Geheul.

„Zwei sind entwischt!" erklang Barnes' rauhe laute Stimme. „Die beiden Bälge sind entkommen!"

„Wie konnte das passieren?" fluchte der Pflanzer mit hochrotem Kopf. Er hielt seine rauchende Flinte in der Hand, war aber nicht sicher, ob er einen der Ausbrecher getroffen hatte.

Die Männer sahen ihn schuldbewußt an.

Der Pflanzer schüttelte prustend den Kopf. „Holt die Hunde aus dem Zwinger!" brüllte er. „Los, beeilt euch ein bißchen! Ihr kommt erst ins Bett, wenn ihr die verdammten Gören aufgespürt habt!"

Die Aufseher rannten zu dem Zwinger. Einer öffnete die Tür und holte die großen Bluthunde heraus. Die Tiere hingen an langen Leinen und machten sich augenblicklich an die Verfolgung. Barnes und die anderen Aufseher folgten dem Mann mit den Hunden. Die Bestien zerrten an den Leinen, bellten und knurrten und fletschten gefährlich die Zähne.

„Und bringt sie lebend zurück!" schrie der Pflanzer hinter ihnen her. „Habt ihr gehört? Ich habe eine Menge Geld für den Jungen und seine Schwester bezahlt!"

Jimmy hörte die Stimme aus weiter Ferne, verstand aber nicht, was der Pflanzer sagte. Er befand sich schon gute hundert Meter im Wald und bahnte sich verzweifelt einen Weg durch das Unterholz. Sarah blieb dicht hinter ihm. Sie hatte sich etwas erholt und weinte nicht mehr. Aber sie keuchte schwer, und Jimmy wußte nicht, wie lange sie noch durchhalten würden. Es war stockdunkel im Wald, und sie stolperten immer wieder über Wurzeln oder Äste. „Weiter!" rief Jimmy. „Weiter, Sarah!"

Hinter ihnen erklang das Gebell der Hunde. Den Tieren

machte die Dunkelheit nichts aus, und die Aufseher hielten Petroleumlampen und Fackeln in den Händen. Meter um Meter kamen sie an Jimmy und Sarah heran. Es war nur noch eine Frage der Zeit, bis sie die beiden Kinder stellen und in die Enge treiben würden. Der Junge wußte das, aber er rannte trotzdem weiter. Er wollte sich bis zum letzten Atemzug gegen die Verfolger verteidigen.

Plötzlich schrie Sarah auf. Sie fiel zu Boden und blieb mit schmerzverzerrtem Gesicht liegen. „Mein Fuß!" stöhnte sie. „Ich habe mir den Fuß verstaucht!"

Der Junge kniete neben ihr nieder. Er bekam kaum noch Luft. „Sarah!" stieß er hervor. „Sarah! Was machen wir jetzt?" Er starrte in die Dunkelheit, wo jeden Augenblick die Aufseher mit den Hunden auftauchen konnten.

„Laß mich liegen!" wimmerte Sarah. „Lauf allein weiter! Dann schaffst du es vielleicht!" Sie begann, heftig zu schluchzen und zitterte am ganzen Körper. „Lauf, Jimmy!"

Jimmy schüttelte den Kopf. „Das geht nicht, Sarah!"

„Du mußt, Jimmy!" Die Stimme des Mädchens war laut geworden, aber sie dachten beide nicht daran, daß sie sich damit den Verfolgern verraten würden. „Lauf weiter! Es ist nicht mehr weit bis zum Fluß! Du schaffst es bestimmt!"

„Ich kann dich nicht allein lassen", erwiderte der Junge. Das Weinen seiner Schwester tat ihm weh. „Papa . . . Papa ist auch . . . bei Mama geblieben, als sie . . . als sie . . ."

„Mama haben sie getötet", meinte das Mädchen. Sie war auf einmal erstaunlich ruhig. „Aber mich lassen sie bestimmt am Leben! Sie haben viel Geld für uns bezahlt!"

Der Junge war unschlüssig. „Ich weiß nicht . . .", begann er.

„Geh schon!" schrie das Mädchen. Das Bellen und Knurren der Hunde war jetzt ganz nahe, und wilde Panik überkam sie. „Lauf doch! Du mußt, Jimmy!"

Jimmy rannte los. „Ich werde dich befreien!" rief er. „Ich schwöre es, Sarah!" Er tauchte zwischen zwei weit ausladenden Kiefern hindurch, riß sich die Haut an einem Dornenstrauch auf und erreichte eine kleine Lichtung, die vom Mondlicht überflutet war. Aus der Ferne hörte er die Stimmen der Aufseher, die seine Schwester erreicht hatten.

„He!" rief einer. „Ich habe das Mädchen! Die verdammte Göre hat sich den Fuß verstaucht!"

„Gut", antwortete Barnes. „Bringt sie zum Alten zurück! Ich kümmere mich inzwischen um den Jungen!"

„Allein?"

Barnes würde wütend. „Na klar", antwortete er. „Oder meint ihr, ich werde nicht mit ihm fertig, he?"

„Doch, doch", antwortete einer der anderen schnell. „Was sollen wir mit dem Mädchen anfangen? Sollen wir sie . . .?"

Jimmy hielt den Atem an.

„Quatsch!" antwortete Barnes. „Ihr habt doch gehört, was der Alte gesagt hat? Wir sollen sie am Leben lassen! Und jetzt macht endlich, daß ihr fortkommt!"

Jimmy seufzte erleichtert. Sarah blieb am Leben, und er hatte es nur noch mit einem Aufseher zu tun. Mit etwas Glück konnte er es doch noch schaffen.

2

Zwanzig Minuten später war noch immer nichts vom Fluß zu sehen. Tiefe Dunkelheit umgab den Jungen, der nahe daran war, alle Hoffnung aufzugeben. Er war am Ende seiner Kräfte und zitterte vor Erschöpfung. Sein Herz schlug ihm bis zum Hals. Er hatte längst die Orientierung verloren und wußte nicht mehr, in welche Richtung er rannte. Vielleicht lief er zum Herrenhaus zurück? Vielleicht lief er in die endlosen Wälder des Nordens?

Hinter ihm war Barnes mit den Hunden. Der Aufseher gab nicht auf. Die Bluthunde bahnten ihm einen Weg durch das Dickicht und blieben auf der Fährte, die der Junge durch den Wald zog. Sie waren Jimmy dicht auf den Fersen, kamen viel schneller als er voran und würden ihn bald erreicht haben.

Jimmy blieb keuchend stehen. Es war schwül, aber er fror, und kalte Schauer liefen über seinen Rücken. Er hatte ja nicht einmal eine Waffe. Warum hatte er nicht das Messer seines Vaters an sich genommen? Er wußte es nicht. Aber es war ja ohnehin egal, der Aufseher hatte ein Gewehr, und er hätte auch mit einem Messer nicht den Hauch einer Chance gehabt. Kein Mensch hatte eine Chance gegen einen wütenden Aufseher und drei abgerichtete Bluthunde.

Der Junge rannte weiter. Er prallte gegen einen Baumstamm, fiel zu Boden und blieb benommen liegen. Ich kann nicht mehr, dachte er verzweifelt. Das Knurren der Hunde war jetzt keine hundert Meter mehr entfernt, und er konnte schon die Anfeuerungsrufe des wütenden Wächters hören.

„Lauft!" schrie Barnes. „Macht schon! Gleich haben wir ihn!"

Und dann wurde das Bellen und Knurren noch lauter, und der Junge erkannte, daß Barnes die Hunde losgelassen hatte. Die mächtigen Bluthunde preschten durch den Wald, würden ihn innerhalb der nächsten Sekunden umzingeln und stellen wie ein angeschossenes Wild. Es war vorbei, sie hatten ihn erwischt.

Jimmy blickte sich verzweifelt um. Er hatte Angst, wahnsinnige Angst, und wollte den Hunden nicht in die Hände fallen. Vielleicht machte sich Barnes einen Spaß. Vielleicht hörte er nicht auf den Pflanzer und ließ den Jungen von den Hunden zerreißen. Jimmy traute dem untersetzten Aufseher alles zu. Um eine Ausrede wäre er später bestimmt nicht verlegen. „Tut mir leid, Boß!" würde er sagen. „Ich hab' die Hunde nicht mehr halten können! Ich wollte sie noch mit dem Gewehr zurückhalten, aber da war der Bengel schon tot! Tut mir leid!"

Die Hunde waren heran. Jimmy sah ihre blitzenden Augen, ihre scharfen Zähne. Er griff hilfesuchend um sich, stieß gegen einen Ast, und wußte plötzlich, daß er noch nicht ganz verloren war. Wenn er Glück hatte, konnte er noch einen kleinen Aufschub erwirken. Es würden nur ein paar Minuten sein, aber vielleicht hatte Barnes ein Einsehen und nahm die Hunde wieder an die Leine. Vielleicht erinnerte er sich an die Worte des Pflanzers und brachte ihn lebend zurück zum Herrenhaus. Die fünfzig Peitschenhiebe würde Jimmy schon aushalten.

Jimmy griff nach einem Ast und zog sich nach oben. Die Angst vor den Hunden nahm die Erschöpfung von ihm und verlieh ihm neue Kräfte. Er kletterte immer höher in den Baum hinauf. Zweige schlugen ihm ins Gesicht, aber er spürte den Schmerz nicht. Er wußte nur, daß er so weit wie möglich in den Baum hinaufkommen mußte. Daß er von Barnes nicht gesehen werden durfte, wenn er seine kleine Chance wahren wollte. Schweiß lief über sein Gesicht, während er sich unter Aufwendung seiner letzten Kräfte in die Krone der Kiefer schwang. Die Hunde hatten den Baum längst erreicht und bellten zu ihm herauf.

Als Jimmy einen kräftigen Ast hoch über dem Boden erreicht hatte, blieb er keuchend stehen. Er zog sich noch einmal hoch und setzte sich auf den Ast, der stark genug war, um einen ausgewachsenen Mann zu tragen. Er mußte husten und hoffte, daß man ihn unten nicht hörte. Dichte Zweige versperrten ihm die Sicht nach oben und unten. Er sah keine zwei Meter weit, obwohl inzwischen das Morgengrauen heraufgedämmert war und ein frischer Wind den nahen Tag ankündigte.

Barnes erreichte den Baum und starrte nach oben.

„He, Kleiner!" rief er. „Ich weiß, daß du da oben bist! Komm runter, oder ich hole dich!"

Der Junge antwortete nicht. Er hatte Angst und wurde sich auf einmal auch der Tatsache bewußt, daß er fünfzig Meter über dem Erdboden in der Krone eines schwankenden Baumes hing. Er glaubte längst nicht mehr daran, daß ihn Barnes am Leben lassen würde. Man brauchte nur seiner aufgebrachten Stimme zuzuhören, um zu wissen, daß er keine Gnade walten lassen würde.

„Komm endlich, du verdammter Niggerjunge!" rief er wieder. „Oder ich knalle dir 'ne Kugel in deinen schwarzen Pelz!"

Jimmy erschauderte. Er konnte sich genau vorstellen, wie das Gesicht von Barnes aussah. Es war rot und verzerrt, und seine Augen sprühten funkelnde Blitze. Er war sicher wütend darüber, daß er die ganze Nacht damit verbringen mußte, einem verdammten Niggerjungen nachzulaufen. Nein, er kannte sicher keine Gnade und würde ihn mit einem wütenden Aufschrei erschießen, wenn ihn nicht vorher die Hunde erwischten.

Ein Zittern durchlief den Körper des Jungen. Er fühlte wieder die Schwäche in sich aufsteigen, und sein von den Dornen aufgerissener Körper begann zu schmerzen. Er klammerte sich verzweifelt an den Stamm der Kiefer. Der leichteste Windhauch würde ihn von dem Ast wehen und in die Tiefe stürzen.

„Du verdammter Kerl!" schrie Barnes mit einer Stimme, die sich kaum noch vom Knurren und Fauchen der Hunde unterschied. „Komm runter, oder es knallt!"

Jimmy duckte sich, als hätte er gleich Schläge zu erwarten. Fast gleichzeitig krachte das Gewehr des Aufsehers, und die Kugel fetzte dicht neben dem Jungen durch die Zweige. Eine zweite bohrte sich viele Meter unter Jimmy in den Stamm der Kiefer.

Obwohl inzwischen schon die ersten Strahlen der Sonne

durch die Bäume fielen, konnte Barnes den Jungen nicht sehen. Er hatte aufs Geratewohl in die Krone des Baumes gefeuert. Er war sich jetzt nicht einmal mehr sicher, ob der Junge überhaupt noch da oben steckte. Vielleicht irrten sich die elenden Köter. Es konnte ja sein, daß der Junge eine falsche Spur ausgelegt hatte, diesen Niggern war alles zuzutrauen. Vielleicht hatte er sich auch über die Kronen der anderen Bäume in Sicherheit gebracht. Die Kiefern standen hier dicht beisammen, und man konnte es mit etwas Glück schaffen, von einem Baum auf den anderen zu kommen.

Barnes warf sein Gewehr auf den Boden und fluchte. „Jetzt habe ich genug!" schrie er mit hochrotem Gesicht. Er zog sein Messer aus dem Gürtel und begann, in den Baum hinaufzusteigen. Er würde diesen Niggerbengel erwischen, und wenn es das letzte war, was er in seinem Leben tat.

Jimmy hörte die Äste unter sich knacken und duckte sich noch tiefer auf den Ast. Es war soweit. Der Aufseher stieg zu ihm herauf. Nichts konnte ihn mehr vor dem Tod retten. Eigentlich komisch, dachte er, daß ich auf einmal so ruhig bin. Ich habe gar keine Angst mehr. Jimmy entschloß sich, dem verhaßten Wärter einen Kampf auf Leben und Tod zu liefern. Seine Mutter und sein Vater sollten stolz auf ihn sein, wenn er sie in der anderen Welt traf, von der die schwarzen Männer mit den Kreuzen in Afrika immer geredet hatten.

Das Keuchen des Aufsehers wurde lauter. „Na, warte", kam es von unten, „gleich habe ich dich, du Ratte!" Barnes konnte den Jungen nicht sehen, aber die Flüche machten ihm Mut und feuerten ihn an, immer höher in den Baum hinaufzusteigen. Er war kein guter Kletterer und natürlich auch viel größer als Jimmy, der sich zwischen Zweigen und Ästen hindurchgeschoben hatte, die der Aufseher mühsam umgehen mußte.

Jimmy blickte vorsichtig nach unten. Seine schwarze Haut war eine gute Tarnfarbe, und er war nur schwer gegen den dunklen Hintergrund der Kiefernzweige zu erkennen. Barnes' Körper aber war weiß, und Jimmy sah, wie er sich keine zwanzig Meter unter ihm von einem Ast zum anderen zog. Der Aufseher verharrte einen Augenblick, um Luft zu holen, sah sich nach allen Seiten um und kletterte dann weiter. Wenn Jimmy Glück hatte, würde er einige Meter an ihm vorbei klettern und nach einiger Zeit unverrichteter Dinge wieder abziehen.

Aber das Glück war vorerst mit Barnes. Unter Jimmys Händen löste sich ein Stück Rinde, flatterte nach unten und fiel auf den linken Arm des Aufsehers. Der zuckte zusammen, blickte nach oben und sah die vor Entsetzen weit aufgerissenen Augen des Jungen über sich im Geäst. Sein Gesicht verzerrte sich zu einer Fratze, und er stieß einen beinahe unmenschlichen Triumpfschrei aus. Selbst die Hunde am Fuß des Baumes erschraken und blieben sekundenlang still.

Jimmy gefror das Blut in den Adern. Seine Arme umklammerten den dicken Stamm der Kiefer, und er sann verzweifelt nach einem Ausweg aus seiner verhängnisvollen Lage. Aufkommende Panik verhinderte jede Bewegung. Seine Augen wurden immer größer, und er starrte wie gebannt auf die scharfe Messerklinge, die in der Faust des Ver-

folgers aufblitzte. Wie sollte er sich hoch über dem Erdboden gegen diese tödliche Waffe wehren?

Dann ging alles ganz schnell. Jimmy konnte sich später selbst nicht mehr erklären, wie alles geschah. Barnes kletterte unter dem Körper des Jungen nach oben, suchte mit der linken Hand nach einem Halt und fand einen Ast, der stark genug war, sein Gewicht zu halten. Mit der anderen Hand führte er das Messer, und mit einem wütenden Aufschrei wollte er auf den Jungen einstechen.

Jimmy reagierte instinktiv. Er stieß mit beiden Beinen nach dem Aufseher, der in seiner Wut an ihm vorbeistach und das Gleichgewicht verlor. „Verdammt!" fluchte er. Dann traf ihn ein Fuß des Jungen ins Gesicht, und das Messer entfiel seiner Hand. Er suchte verzweifelt nach einem Halt, taumelte wie ein Betrunkener in den Ästen des Baumes herum und fiel schreiend vornüber. Sein Körper polterte auf einen ausladenden Ast, fiel weiter, wurde erneut aufgefangen, überschlug sich noch einmal und landete mit einem dumpfen Aufschlag auf dem Boden.

Jimmy hielt sich die Augen zu. Er brauchte einige Minuten, bis er das eben Geschehene verarbeitet hatte und wieder einigermaßen klar denken konnte. Er wischte sich den Schweiß von der Stirn. Seine Hände zitterten, und es kostete ihn große Anstrengung, sich an der Kiefer festzuhalten. Ein Schwächeanfall schüttelte seinen Körper, und nur der Gedanke und die Freude darüber, daß er noch am Leben war, hielten ihn noch aufrecht.

Er hatte keine Ahnung, wie lange er stumm auf dem Ast

verharrt und dem lieben Gott dafür gedankt hatte, daß Barnes sein gerechtes Schicksal erfahren hatte. Es konnten Minuten, aber es konnten auch Stunden gewesen sein. Er schüttelte den Kopf. Er durfte jetzt nicht denken und zaudern und mußte sich ganz auf die Aufgabe konzentrieren, die vor ihm lag. Er mußte von diesem Baum herunter. Er mußte an den Hunden vorbei und den Fluß finden. Ein unmögliches Unternehmen, aber es blieb ihm keine andere Wahl.

Jimmy stieg langsam nach unten. Er zitterte immer noch, und der Abstieg dauerte fast doppelt so lange wie der Aufstieg. Sein Atem ging rasselnd, und wilde Gedanken jagten sich in seinem Kopf. Als er noch zehn Meter über dem Erdboden war, fiel ihm auf, daß das Bellen und Knurren der Hunde verstummt war. Statt dessen drang ein klagendes Winseln zu ihm herauf. Er stieg noch tiefer und erkannte, daß die Hunde ungefähr zwanzig Meter vom Baum entfernt bei ihrem Herrn standen. Barnes regte sich nicht und blutete aus mehreren kleinen Platzwunden. Aber er war nicht tot, und sein Brustkorb hob und senkte sich unter heftigen Atembewegungen. Auf irgendeine Weise würde er sich schon zum Herrenhaus zurückschleppen, wenn er wieder aufwachte, oder die anderen würden ihn suchen und auf einer Bahre zurücktragen. Jimmy war darüber froh, obwohl er sich den Grund nicht erklären konnte.

Er starrte wie gebannt auf den bewußtlosen Barnes und die Hunde und zuckte plötzlich zusammen. Direkt unter ihm lehnte das Gewehr des Aufsehers am Baumstamm, keine zwei Meter von seinen Füßen entfernt. Und die Hunde waren so mit ihrem Herrn beschäftigt, daß sie ihn gar nicht bemerkten. So eine günstige Gelegenheit würde bestimmt nicht wiederkommen.

Vorsichtig stieg Jimmy weiter nach unten. Die Möglichkeit einer glücklichen Flucht verlieh ihm neue Kräfte. Er achtete darauf, kein unnötiges Geräusch zu verursachen und griff mit angehaltenem Atem nach dem Gewehr, als er den Boden erreicht hatte. Die Hunde würden ihn jeden Augenblick wittern, und dann mußte er den Abzug durchziehen, um einen Vorsprung zu bekommen und es vielleicht doch noch zum Fluß zu schaffen.

Er nahm das Gewehr und umklammerte es mit beiden Händen. Ein neuer Gedanke durchzuckte ihn: Was war, wenn die Waffe nicht geladen war? Hatte der Aufseher überhaupt Zeit gehabt, die Waffe nachzuladen, bevor er mit dem Messer in den Baum gestiegen war? Jimmy schauderte bei diesem Gedanken. Ohne die Waffe würde er keine Chance gegen die Hunde haben und von ihnen zerrissen werden.

Er bewegte sich langsam rückwärts. Er hatte immer noch keine Ahnung, wo der Fluß lag, und mußte sich weiterhin auf sein Glück verlassen. Aber vorerst mußte er sich um die Hunde kümmern. Er starrte unentwegt auf die Bestien und schlich dabei ständig nach hinten, um im Wald unterzutauchen. Er hatte schon die Hoffnung, daß ihn die Bluthunde gar nicht entdecken würden, als eines der Tiere plötzlich den Kopf wendete und knurrend in seine Richtung blickte.

Jimmy blieb wie angewurzelt stehen. Das Gewehr in seinen Händen schien zu brennen, als der Hund langsam auf ihn zukam und immer lauter knurrte und fauchte. Der Junge entsicherte die Waffe mit beiden Daumen. Das Gewehr war schwer, und er konnte es kaum halten. Er wagte gar nicht daran zu denken, was passierte, wenn ihn der Rückschlag gegen einen Baum schleuderte und er bewußtlos wurde. Schweiß lief über seine Wangen und brannte auf seiner aufgeschrammten Haut.

Dann war der Hund bis auf fünf Meter heran. Er blieb sekundenlang stehen, senkte den Kopf wie ein angreifender Bulle und schoß dann wie ein Puma los. Knurrend sprang der Bluthund den Jungen an.

Jimmy überlegte nicht. Er hielt sein Gewehr auf die Bestie und drückte ab. Ein gelber Feuerblitz flammte vor seinen Augen auf. Er war sekundenlang geblendet, wartete immer noch darauf, daß ihn der Hund anfiel und seine scharfen Zähne in seine Kehle bohrte. Aber die Kugel hatte den Hund mitten im Sprung getroffen und zu Boden geworfen.

Der Junge brauchte einige Zeit, bis er sein Glück verstand, und dann lief er augenblicklich los. Er warf das Gewehr zu Boden und rannte, was seine Beine hergaben. Hinter sich hörte er das Bellen und Knurren der beiden anderen Hunde. Er wußte wieder nicht, in welche Richtung er rannte, und ob er überhaupt eine Chance hatte, den schnellen Bestien zu entkommen. Er hatte auch keine Ahnung, wie sich die Hunde verhielten, wenn ein anderes Tier vor ihren Augen erschossen wurde. Ob sie bei dem toten Hund blieben und seine Wunden leckten, oder ob sie noch wilder und unberechenbarer wurden und ihn mit noch größerer Verbissenheit verfolgten.

Jimmy rannte nur und rannte, bis er etwas Helles durch die Bäume schimmern sah. Er blieb den Bruchteil einer Sekunde lang stehen und rannte dann mit einem freudigen Aufschrei auf die Lichtung zu. „Der Fluß!" schrie er heiser. „Der Fluß! Ich habe es geschafft!"

Er hörte und sah nicht mehr, wie die beiden Bluthunde hinter ihm knurrend die Verfolgung aufgaben. Er sah nicht mehr, wie sie mit eingezogenen Schwänzen zu ihrem bewußtlosen Herrn zurückkehrten. Er stolperte mit einem hysterischen Lachen in den schlammigen Fluß, ließ sich erschöpft fallen und wurde bewußtlos, bevor er sich irgendwo festhalten konnte.

3

Als er wieder zu sich kam, befand er sich mitten auf dem Fluß. Sein Körper hatte sich in den Ästen eines entwurzelten Baumstammes verfangen. Er schaute genau in die Sonne. Es war eine feurige und heiße Sonne, die hoch am Himmel stand und erbarmungslos auf das Land herabbrannte. Jimmys Gesicht war geschwollen von der Hitze, und einige Kratzwunden hatten sich entzündet und brannten wie Feuer.

Der Junge versuchte sich zu bewegen. Er mußte vier oder fünf Stunden lang ohnmächtig gewesen sein, und sein ganzer Körper war steif und schmerzte. Es dauerte eine ganze Weile, bis er sich wieder bewegen konnte. Als es ihm endlich gelang, mußte er alle Kraft aufwenden, um nicht augenblicklich wie-

der in Bewußtlosigkeit zu versinken. Vor seinen Augen flimmerten Spiralen und Kreise in allen Farben, und er gewöhnte sich nur allmählich an die Helligkeit, die in gleißenden und durchsichtigen Schleiern über dem Fluß lag.

Der Baum, in dem er sich verfangen hatte, war groß und verzweigt und wurde langsam von der Strömung des Flusses vorangetrieben. Jimmy holte tief Luft, zog einige Zweige und kleinere Äste aus seinen Kleidern und setzte sich rittlings auf den Stamm. Da er kein Boot hatte, konnte er genausogut auf dem Stamm sitzen bleiben. Es gab keine Straßen in diesem Teil des Landes, und die Flüsse waren der einzige Weg, von einem Ort zum anderen zu kommen. An Land kostete es unwahrscheinliche Mühe, sich einen Pfad durch die unwegsamen Sümpfe und Wälder zu bahnen.

Jimmy klammerte sich an den Baumstamm. Er hatte seinen Strohhut schon zu Beginn der Flucht verloren, und in seinem Kopf hämmerte und dröhnte es. Seine Lippen waren aufgesprungen, und seine Kehle war trocken und ausgebrannt. Er bekam auf einmal Durst, furchtbaren Durst, aber er hütete sich, das Wasser des Flusses zu trinken. Es war schmutzig und wimmelte von kleinen Tieren und Insekten, die über den sanften Wellen summten und flatterten. Er würde krank werden, und er kannte sich nicht so aus wie die Indianer, die verschiedene Kräuter und Blätter wußten, um diese Krankheiten zu heilen.

Der Junge sah zum Himmel und wischte sich den Schweiß von der Stirn. Nach dem Stand der Sonne war es früher Nachmittag, die heißeste Zeit des Tages. Selbst Barnes hatte ihnen um diese Zeit immer eine Pause gegönnt, wenn sie auf den Zuckerrohr- oder Baumwollfeldern der Plantage gearbeitet hatten. Sie hatten eine karge Mahlzeit zu sich nehmen und sich etwas im Schatten ausruhen dürfen, bis Barnes wieder mit seiner Peitsche geknallt und sie unbarmherzig angetrieben hatte. „Wollt ihr wohl arbeiten, ihr verdammten Nigger?" hatte er gerufen. „Los, ein bißchen schneller, oder ich mache euch Beine!" Jimmy schüttelte sich bei dem Gedanken an diese furchtbare Zeit.

Dann dachte er an seine Eltern und Verwandten, und sein Blick wurde traurig und schwer. Er dachte an Adam, der ein guter Freund seines Vaters gewesen war. An John und Ben, die niemals die Hoffnung auf ein Leben in Freiheit aufgegeben hatten. An seine Mutter, die das Leben in der Gefangenschaft fast zerbrochen hatte, und die doch niemals einen Laut der Klage von sich gegeben hatte. Und er dachte an seinen Vater, der den anderen jeden Tag neuen Mut gemacht hatte und schließlich doch gescheitert und über seiner Mutter gestorben war, weil er sie nicht verlassen wollte. Sie waren alle gestorben, aber Jimmy empfand neben der Trauer auch Freude, denn in der Welt, die sich den Menschen jenseits des Todes auftat, war es bestimmt schöner als in diesem heißen Land bei den weißen Sklaventreibern.

Jimmy ruderte mit den Händen und lenkte den Baumstamm an einem anderen Stück Treibholz vorbei. Seine Gedanken wanderten zu Sarah, seiner Schwester. Sie war noch in der Gewalt des weißen Pflanzers und seiner Aufseher, aber sie war am Leben, und er würde sie so bald wie möglich befreien.

Wenn er erst bei den Indianern war, würde er mit hundert Kriegern zu der Plantage zurückkehren, alles verwüsten und Sarah auf Händen in ihr neues Heim tragen. Die Seminolen waren freundliche Leute, das hatte sein Vater immer gesagt, und er glaubte fest daran. Bald würde er bei den Indianern sein, die ihn bestimmt vom Ufer aus entdecken und auffischen würden.

Plötzlich durchzuckte ihn ein schrecklicher Gedanke. Wußte er überhaupt, ob er in die richtige Richtung schwamm? Es gab unzählige Flüsse und Seen in diesem Land, und nicht alle führten in das Land der Seminolen. Dann sah er die verfilzten Uferbäume und atmete auf. Er war am Rand der Everglades, dem weiten und unendlichen Sumpfland im Süden Floridas. Den *pa-jay-okee*, wie sie die Indianer nannten. Dem Land der Orchideen und Mangroven, der Zypressen und bunten Schmetterlinge.

Seine Augen suchten das Ufer ab. Eine dichte grüne Wand von Laubbäumen und verfilzten Zypressen verbarg die guten und bösen Geheimnisse dieses Urwaldes, den kaum ein weißer Mann bis jetzt betreten hatte, und der die letzte Zuflucht für Indianer und Neger war. Unzählige bunte Vögel waren in den Baumkronen zu sehen. Sie zwitscherten und krähten und wetteiferten in ihrer Farbenpracht mit den Blumen und Schmetterlingen. Es gab Luchse und Panther in diesem Dschungel, Leguane, Waschbären und gefährliche Schlangen, und der Boden war ein unübersehbares Gewirr von Sümpfen, Bächen, Flüssen, Tümpeln und Wiesen. Das hüfthohe Mariscus-Gras rauschte im Wind, der sanft und nicht selten auch heftig vom Golf heraufwehte. Es war ein gefährliches, aber auch ein schönes Land, wenn man sich auskannte und dieselbe Sprache wie die wilden Tiere und Vögel sprach.

Jimmy starrte wie gebannt auf den dichten grünen Wald. Er merkte gar nicht, wie der Baumstamm in einen großen Tümpel getrieben wurde und sich in einigen Schlingpflanzen verfing. Eine Grasnatter schlängelte sich erschrocken davon, und die großen Ochsenfrösche im Uferschilf verstummten sekundenlang. Ein großer bunter Vogel flatterte vor Jimmys Augen vom Wasser auf und erinnerte ihn daran, daß etwas Ungewöhnliches im Gange war, daß ihn etwas bedrohte.

Der Junge wandte langsam den Kopf. Er sah zu seinem Entsetzen, wie sich zwei riesige Alligatoren vom anderen Ufer aus ins Wasser schoben. Es waren häßliche Tiere mit massigen Schädeln und gepanzerten Körpern, die wie bemooste Inseln aus dem brackigen Wasser ragten. Ihre langen und gewaltigen Schwänze bewegten sich schlagend durch das Wasser und trieben sie immer weiter auf den vor Schreck erstarrten Jungen zu.

Als die Bestien noch ungefähr zwanzig Meter entfernt waren, löste sich Jimmy aus seiner Erstarrung. Er sah sich verzweifelt nach dem rettenden Ufer um, aber das war zu weit entfernt, und er würde es nie mehr erreichen. Das Gewehr von Barnes hatte er weggeworfen, und er besaß nicht einmal ein Messer, um sich gegen die Alligatoren zur Wehr zu setzen. Es gab keine Rettung für ihn. Er war den Aufsehern entkommen und sogar Barnes' gefährlichen Bluthunden, aber nun hatte ihn das Glück verlassen, und die hungrigen Bestien würden ihn mit ihren gewaltigen Zähnen zerfleischen.

Jimmy überlief ein eisiger Schauer. Er war zu entsetzt, um zu schreien, und seiner Kehle entrang sich nur ein krächzender Laut. Er fror und schwitzte zugleich, wurde von eisigen Schauern geschüttelt, und die Angst lähmte ihn so, daß er nicht einmal den Versuch unternahm, ins Wasser zu springen und den Tieren zu entkommen. Er blieb wie angewurzelt auf seinem Baumstamm sitzen und sah den Bestien mit großen Augen entgegen. Sie waren noch zehn Meter entfernt, schnappten mit ihren gewaltigen Kiefern und ließen das schlammige Wasser durch ihre Mäuler laufen. Jimmy schloß die Augen und öffnete sie gleich wieder, als ein Schuß die plötzlich eingetretene Stille zerriß. Eines der Tiere schlug wild um sich, wirbelte schäumendes Wasser auf und versank in seinem eigenen Blut.

Der Junge glaubte, seinen Augen nicht zu trauen. Am Ufer stand ein Indianer, ein junger, starker Krieger mit einem rauchenden Gewehr in den Händen. Aber er hatte nur eine Kugel im Lauf gehabt, und die andere Bestie schwamm immer noch auf den Jungen zu. Jimmy öffnete den Mund. Er wollte schreien vor Entsetzen und Angst, er wollte um Hilfe rufen und sein Pech verfluchen, aber es wurde wieder nur ein Krächzen daraus. Die Bestie war nur noch wenige Meter von ihm entfernt, und er schickte ein verzweifeltes Stoßgebet zum Himmel.

Als er wieder zum Ufer sah, sprang der Krieger gerade ins Wasser. Er hatte ein blitzendes Messer zwischen den Zähnen und schwamm mit kräftigen und weit ausholenden Bewegungen auf den Alligator zu. Er war ein guter Schwimmer, und

Jimmy beobachtete mit angehaltenem Atem, wie der Krieger immer näher an die Bestie herankam. Schneller, durchfuhr es den Jungen, schneller . . . du mußt es schaffen! Er merkte gar nicht, wie Tränen über sein Gesicht rannen, Tränen der Wut und Verzweiflung und der Hoffnung, daß er dem Tod erneut entgehen würde. Die Bestie war nur noch einen Meter von ihm entfernt und öffnete schon das gewaltige Maul, um den Jungen von seinem Baumstamm zu zerren.

Der Indianer kam ihr zuvor. Er schoß mit letzter Anstrengung auf die Bestie zu, umklammerte ihren Hals mit dem linken Arm und ließ sein Messer in die weiße Unterseite ihres Leibes sausen. Es gab ein häßliches Geräusch, das Jimmy erschaudern ließ. Er wurde bleich und mußte würgen und starrte mit leeren Augen auf den kämpfenden Indianer, der den Alligator umklammert hielt und wie ein Besessener auf das Tier einstach. Die Bestie lebte immer noch, wand sich in dem eisernen Griff ihres Angreifers und schlug mit dem Schwanz, ihrer gefährlichsten und tödlichsten Waffe. Ein Schlag tötete einen Menschen auf der Stelle, und es gab viele Jäger, die gestorben waren, weil sie die Beweglichkeit dieser gefährlichen Tiere unterschätzt hatten.

Der Krieger lebte schon seit vielen Jahren in den Sümpfen Floridas und wußte um die Gefährlichkeit der Alligatoren. Und es schien nicht sein erster Kampf mit einer dieser Bestien zu sein. Zu gewandt wich er den Schlägen des Schwanzes aus und zu geschickt paßte er sich den zuckenden Bewegungen des Tieres an. Immer wieder bohrte sich sein Messer in den Leib der Bestie, bis ihr Körper erschlaffte und in das blutige und schäumende Wasser des Tümpels zurücksank. Der Indianer ließ sie los und trat einige Sekunden lang auf der Stelle, um Luft zu holen und den Triumphschrei seines Stammes auszustoßen. Dann nahm er das Messer wieder zwischen die Zähne und winkte dem Negerjungen zu. „Komm auf meinen Rücken!" sagte er auf Englisch. „Ich bin dein Freund! Ich bringe dich ans Ufer!"

Jimmy tat wortlos, was ihn der Indianer geheißen hatte. Er stand noch zu sehr unter der Wirkung des Kampfes, um sich bei seinem Retter bedanken zu können. Noch immer schnürten ihm Angst und Entsetzen die Kehle zu, und er handelte rein mechanisch, als er von dem Baumstamm glitt und auf den Rücken des Indianers kletterte. Der Krieger schwamm in regelmäßigen und gleitenden Bewegungen ans Ufer und setzte Jimmy auf einem Wiesenhügel ab, der abseits vom Wasser lag und dessen Gras weich und trocken war. Erst jetzt löste sich die Spannung von Jimmy, und er fand Zeit, seinen Retter genauer zu betrachten.

Der Indianer war ein großer und muskulöser Mann mit erstaunlich weichen und sanften Gesichtszügen, die Jimmy sonst nur bei den vornehmen weißen Herren gesehen hatte. Seine Augen waren von einem warmen und freundlichen Braun, und seine Bewegungen geschmeidig und ohne Hast. Er trug einen bunten türkisfarbenen Umhang, der an der Hüfte von einem Gürtel zusammengehalten wurde. Jetzt nach dem Kampf aber hatte sich der Gürtel gelöst, und der Mantel hing naß und in Fetzen von seinem Körper. Der türkisfarbene Turban mit der Straußenfeder war erstaunlicherweise nicht von seinem Kopf gerutscht, aber auch er war naß, und die Feder hing schief und geknickt von seinem Kopf herab.

„Vielen Dank!" sagte Jimmy schnaufend. „Ich heiße Jimmy!"

Der Krieger entkleidete sich bis auf einen Lendenschurz aus Pantherfell und entzündete ein kleines Feuer, um seine Kleider zu trocknen. „Ich bin Coacoochee", erwiderte der Seminole in erstaunlich akzentfreiem Englisch.

„Coacoochee?" rief Jimmy erstaunt. „Die Wildkatze?"

Der Indianer lächelte. „Du hast von mir gehört?"

Und ob Jimmy von Coacoochee gehört hatte. Die Wildkatze, wie ihn die weißen Siedler und Soldaten nannten, gehörte neben Osceola zu den gefürchtetsten Anführern der Seminolen. Als sich viele andere Häuptlinge vor einigen Jahren dem weißen General ergeben hatten, war er mit seinen Kriegern im Sumpf geblieben und hatte sich nicht einen Deut um die verlogenen Versprechungen der Soldaten gekümmert. Er wollte nicht nach Westen in ein anderes Land gebracht werden, wo es Zäune gab und sie sich nicht mehr frei bewegen konnten. Er wollte frei bleiben und das Leben seiner Väter führen. Lieber wollte er während eines Kampfes in den geliebten *pa-jay-okee* sterben, als auf der Reservation des weißen Mannes einen langsamen und qualvollen Tod zu erleiden.

Die Weißen fürchteten Coacoochee. Jimmy hatte oft gelauscht, wenn Barnes und die anderen Wächter von ihm gesprochen hatten. Sie hielten ihn für einen arglistigen Kämpfer, der alle Schleichwege kannte und aus dem Nichts auf-

46

tauchte, um seine Beute zu schlagen. Nicht umsonst hatten sie ihm den Namen Wildkatze gegeben. Er war genauso stark und gefährlich, und wen er einmal in seinen Klauen hatte, den ließ er nicht mehr los. Er war kein freundlicher Mann wie Osceola, der als Anführer der letzten Seminolen galt, aber viel zu gutgläubig und freundlich war und den verlogenen Weißen immer wieder Glauben schenkte. Wer Osceola in die Hände fiel und eine weiße Haut hatte, konnte auf eine nachsichtige Behandlung hoffen; wer das Pech hatte, in die Klauen der Wildkatze zu geraten, mußte mit einem langsamen und grausamen Tod rechnen.

Diese Gedanken schossen dem Jungen durch den Kopf, als er Coacoochee wie ein Wesen von einem anderen Stern anstarrte. Seltsam, dachte er, er sieht ganz freundlich und gar nicht so aus, wie ihn die Weißen immer beschrieben haben. Sie hatten immer von einem untersetzten und häßlichen Mann mit einer Teufelsfratze gesprochen, der mit blutbesudelten Händen herumlief und allen Menschen den Garaus machte. Diese Menschen konnten ihn nicht gekannt haben. Denn wieso würde er sein Leben riskiert haben, um einem dahergelaufenen Niggerjungen das Leben zu retten? Jimmy schüttelte den Kopf. Nein, das konnte nicht sein. Coacoochee war ein freundlicher Mensch, und er würde ihm ewig dankbar sein.

„Du bist von einer Plantage geflohen?" fragte Coacoochee. Es klang eher wie eine Feststellung als eine Frage.

Jimmy nickte. Er erzählte dem Indianer von dem Leben auf der Plantage, von den Grausamkeiten der Wächter. Er berichtete erst langsam, bis dann die Worte aus dem Mund sprudelten und er in allen Einzelheiten von der geplanten Flucht, dem Tod seiner Eltern, von Barnes und seinen Hunden, seiner Schwester und der verzweifelten Flucht durch den Wald erzählte. Es tat gut, mit jemandem darüber zu reden, es linderte den Schmerz und die Erinnerung an viele böse Tage. Der Indianer war ein guter Zuhörer und schien Verständnis für den Jungen zu haben.

Als Jimmy geendet hatte, nickte er langsam und bedächtig. In seine Augen war ein wehmütiger Ausdruck getreten. „Deine Haut ist schwarz", sagte er, „und unsere Haut ist braun! Die Weißen mögen keine Menschen, die anders aussehen als sie. Auch unser Volk hat unter der Peitsche der Weißen leiden müssen!"

„Warum?" fragte Jimmy. „Warum tun die Weißen das?"

Coacoochee zuckte mit den Schultern. Man sah ihm an, daß er schon oft über diese Frage nachgedacht hatte und doch nie zu einer befriedigenden Antwort gekommen war. „Sie wollen Land", sagte er. „Sie wollen immer mehr Land, weil immer mehr von ihnen mit den großen Kanus über das Wasser kommen. Sie töten uns, damit sie dieses Land bekommen, und sie schlagen euch, damit sie sich nicht die Hände mit Arbeit schmutzig machen müssen."

Jimmy war mit dieser Antwort nicht zufrieden. Die Neue Welt war groß und gewaltig und bestimmt so groß, daß alle Menschen darauf Platz hatten. Aber ihm fiel auch kein anderer Grund für das Verhalten der Weißen ein. Man konnte einen Menschen doch nicht nur hassen, weil er eine andere Hautfarbe hatte.

48

Coacoochee schien anderer Meinung zu sein. Er erhob sich, und seine braunen Augen sprühten plötzlich feurige Blitze. „Die weißen Männer sind in unser Land gedrungen und haben unsere Brüder vertrieben!" rief er wütend, als spräche er vor seinen versammelten Kriegern. „Sie haben unsere Hütten verbrannt und Gesetze gemacht, die es ihnen erlauben, Menschen unserer Hautfarbe ohne Strafe zu ermorden! Aber noch haben sie uns nicht besiegt! Noch sind meine Krieger bei mir, und wir werden uns bis zum letzten Atemzug gegen die weißen Diebe verteidigen!"

Jimmy starrte den Indianer gebannt an. Jetzt verstand er, warum die Weißen solche Angst vor ihm hatten. Er wollte nicht in der Haut seiner Feinde stecken, und er bedauerte die weißen Männer fast, die in die Hände des Seminolen fielen.

Aber Coacoochee konnte auch sanft und freundlich sein. „Du brauchst keine Angst mehr zu haben!" sagte er leise, als Jimmy vor Erschöpfung zurücksank und neben dem Feuer einschlief. „Ich werde mich um dich kümmern und dich wie meinen Sohn behandeln!" Er ging zu seinem Kanu, das im Uferschilf lag, nahm eine Decke heraus und legte sie über den Jungen. Dann holte er eine kurzstielige Maiskolbenpfeife aus seiner Tasche und stopfte sie. Sein Gesicht war nachdenklich, als er daran zog und den Rauch ins Feuer paffte.

4

Als Jimmy die Augen aufschlug, hatte Coacoochee seine Kleider wieder angelegt. Er sah imposant in seinem bunten Umhang und der Halskette mit den drei silbernen Halbmonden aus und machte einen großen Eindruck auf den Jungen, obwohl seine Kleider durch das unfreiwillige Bad gelitten hatten und etwas eingegangen waren. Aber dem Seminolen schien das nichts auszumachen. Er saß in aufrechter Haltung vor den niedergebrannten Flammen und lächelte den Jungen an, der sich mühsam aufrichtete und den Schlaf aus seinen Augen rieb.

„Warum hast du mich nicht geweckt?" fragte Jimmy. „Jetzt habe ich dich bestimmt aufgehalten!"

Der Seminole lächelte. „Ich mußte sowieso warten, bis meine Kleider trocken sind! Und du hast den Schlaf gebraucht! Wenn die Menschen müde sind, werden sie unaufmerksam und haben keine Augen mehr für die Gefahren der Natur. Du hast gesehen, was dann passieren kann!"

Der Junge nickte. Er war Coacoochee dankbar dafür, daß er ihn hatte schlafen lassen. Die abenteuerliche Flucht und die Aufregung der letzten Nacht hatten ihn viel Kraft gekostet, und er hatte die Ruhe bitter nötig gehabt.

Coacoochee zog einen gebratenen Vogel aus dem Feuer und reichte ihn dem Jungen. „Hier", sagte er, „du hast sicher Hunger!"

Jimmy blickte ihn verwundert an. Er hatte nicht gehört, daß Coacoochee einen Schuß abgefeuert hatte, und man

konnte doch unmöglich so fest schlafen, daß man den Knall eines Schusses überhörte. Aber vielleicht hatte er den Vogel mit der Hand oder einer Schlinge gefangen. Kugeln waren teuer und für Indianer schwer zu bekommen. „Danke", sagte der Junge. Er griff nach dem Vogel und stopfte das Fleisch gierig in sich hinein. Danach ging es ihm schon viel besser.

Coacoochee lächelte wieder. „Wir wollen aufbrechen!" sagte er. Er stand auf und trat das Feuer aus. „Es ist noch ziemlich weit bis zum Dorf, und wir wollen vor der Dämmerung zu Hause sein. Meine Krieger warten."

„Ich darf mit in euer Dorf?" fragte der Junge erfreut, obwohl er insgeheim damit gerechnet hatte.

Der Häuptling nickte nur. Er ging zu seinem Kanu, verstaute das Gewehr so, daß er es jederzeit griffbereit hatte, und nahm das Paddel auf. Der Junge rollte die Decken zusammen und folgte ihm. Er wollte das zweite Paddel aufnehmen, aber Coacoochee winkte ab und deutete nach vorn. Jimmy setzte sich. „Sind weiße Männer in der Nähe?" fragte er.

Coacoochee schüttelte den Kopf. „So weit wagen sich die Soldaten nicht in den Sumpf", sagte er. „Sie haben Angst vor Alligatoren und Schlangen!" Er schien seiner Sache ganz sicher zu sein, obwohl er sich immer wieder nach allen Seiten umschaute und das Ufer nach Gefahren absuchte. Aber die Fahrt verlief ohne Zwischenfälle, und ein Fischadler und einige bunte Vögel und Schmetterlinge waren die einzigen Begleiter der beiden. Der Junge hatte sich inzwischen an das ständige Quaken der Ochsenfrösche, an das Krächzen der Vögel und die vielstimmigen Laute der Wildnis gewöhnt und verstand langsam, warum die Seminolen dieses gefährliche Land so liebten.

Der Häuptling schien den Weg genau zu kennen, obwohl Jimmy davon überzeugt war, daß man sich einen Weg durch dieses endlose Labyrinth von Flüssen, Seen und Tümpeln niemals merken konnte. Aber Coacoochee steuerte das Boot zielsicher durch das Gewirr von Bäumen und grünen Inseln und zeigte nicht den geringsten Anflug von Unsicherheit.

Nach drei Stunden hatten sie das Dorf erreicht. Die Sonne neigte sich schon dem Horizont zu und schüttete rotes Gold auf die Wasser der *pa-jay-okee*, als Coacoochee und Jimmy aus dem Boot sprangen und das Kanu an Land zogen. Einige Bewohner des Dorfes rannten ihnen neugierig entgegen und stießen Freudenrufe aus, als sie ihren Häuptling erkannten. Um Jimmy kümmerten sie sich kaum. Seit dem Ausbruch des Krieges kamen fast jeden Tag schwarze Flüchtlinge in ihr Lager, und der Anblick des Negerjungen war nichts Besonderes für sie.

Jimmy sah sich staunend um. Er war zum erstenmal in einem Seminolendorf und hatte nicht erwartet, ein solches Gewirr von Stimmen und Farben vorzufinden. Fast alle Männer und Frauen waren in prächtige Gewänder aus buntem Tuch oder gefärbten Federn gekleidet, und nur die Kinder rannten in Lendenschurzen oder nackt zwischen den *chikees* herum. *Chikees* nannten die Seminolen ihre giebelförmigen und mit Schilf bedeckten Häuser, die nach allen Seiten hin offen waren und einen perfekten Schutz gegen die brennende Sonne der Everglades boten. Der Boden bestand aus Brettern oder festgeknüpften Schilfmatten, die einen Meter über der Erde lagen und die Bewohner gegen Schlangen und andere gefährliche Tiere schützten.

Jimmy wanderte langsam über den freien Platz zwischen den Häusern. Die meisten Frauen saßen vor Mörsern und stampften Mais oder entkernten Früchte, die sie in großen Körben im Dschungel gesammelt hatten. In der Ferne hinter den Häusern, wo der Urwald aufhörte und einer großen Lichtung Platz machte, erkannte der Junge ausgedehnte Felder, auf denen Mais, Zuckerrohr und Baumwolle wuchsen. Auf einer Wiese weidete eine kleine Herde von andalusischen Rindern, die an die spanische Vergangenheit des Territoriums erinnerten. Gold und Silber hatten die Eroberer aus dem fernen Europa in diesem Land gesucht, aber sie hatten nur Tiere und Pflanzen gefunden und es deshalb Florida, Land der Blumen, genannt. Inzwischen waren die wenigen spanischen Siedler, die sich in Florida angesiedelt hatten, von den landhungrigen Weißen vertrieben worden. Sie hatten dasselbe Schicksal erlitten wie die Neger und Indianer.

„Jimmy!" Die Stimme des Häuptlings rief den Jungen in die Wirklichkeit zurück. „Jimmy! Komm her!"

Der Junge ging zu Coacoochee, der ihm einen Arm um die Schultern legte und ihn einigen Kriegern, Frauen und Kindern vorstellte. Er sagte etwas in seiner Sprache, das Jimmy nicht verstand, und schob ihn in eines der *chikees*, in dem einige Frauen gerade Körbe mit Maisbrei, gebratenem Fisch und Früchten auf den Boden stellten. Jimmy kletterte in die Hütte und ließ sich auf einem Lager aus Schilf und Gras nieder. Er fühlte sich noch etwas unbehaglich zwischen den fremden Leuten, griff aber kräftig zu, als sich Coacoochee neben ihn setzte und zum Essen aufforderte. Ihm gegenüber saß eine junge Frau, die ständig zu Coacoochee und ihm herüberlächelte. Jimmy nahm an, daß es sich um die Frau des Häuptlings handelte.

Während des Essens wurde nicht gesprochen. Auch die beiden Kinder, die neben der Frau hockten und gar nicht genug von dem Maisbrei und den Früchten haben konnten, sagten nichts. Sie blickten aber mit unverhohlener Neugier auf den Jungen, dessen Haut noch dunkler war als ihre. Ab und zu grinsten sie, um sich dann gleich wieder hinter ihren Schüsseln zu verstecken, wenn Jimmy zurückgrinste.

Nach dem Essen saß Coacoochee noch einige Minuten mit seiner Familie und einigen Freunden zusammen. Er rauchte und unterhielt sich mit ihnen. Dem Jungen bot sich ein Bild des Friedens, das er seit vielen Jahren mit sich herumtrug, aber bis zu diesem Tag nie erlebt hatte. Die ruhigen Stimmen der Seminolen und das gelegentliche leise Lachen, der Duft des Pfeifenrauchs, der in Schwaden aus dem *chikee* zog, und die nächtlichen Geräusche des Dschungels, die in dieser Umgebung nicht fremd und bedrohlich, sondern vertraut und beinahe freundlich wirkten. Ich werde ihre Sprache lernen müssen, dachte Jimmy, während er der sanften Stimme Coacoochees lauschte, dann sank er mit einem zufriedenen Lächeln auf die Schilfmatte zurück und schlief augenblicklich ein.

Aber er fand keine Ruhe. Er wurde von bösen Erinnerungen und Träumen geplagt und wälzte sich unruhig von einer Seite auf die andere. Das friedliche Bild der sich unterhaltenden Seminolen zerfloß vor seinen Augen und machte grellen und bewegten Szenen in häßlichen Farben Platz. Er sah Barnes, der seine Schwester auspeitschte, er hörte das Schreien seiner Mutter, die unter den Schüssen eines Aufsehers zusammenbrach. Überall waren plötzlich Hunde, knurrende und fauchende Bluthunde, die ihn von allen Seiten ansprangen und ihre scharfen Zähne in seinen Körper schlugen.

Jimmy fuhr schweißgebadet und mit einem heiseren Aufschrei von seinem Lager hoch. Er sehnte sich nach Ruhe und Geborgenheit und suchte nach Coacoochee, aber der Platz neben ihm war leer. Erst jetzt merkte Jimmy, daß der Lärm nicht von den Hunden in seinem Traum, sondern von den Kriegern des Dorfes kam, die mit Fackeln im Freien standen und aufgeregt durcheinander sprachen. Jimmy hörte Coacoochees kräftige Stimme, die ihnen etwas zurief und das Gemurmel zum Schweigen brachte. Dann hörte er Stimmen in englischer Sprache, und er fragte sich erstaunt, was die Aufregung mitten in der Nacht zu bedeuten hatte.

Er stand vorsichtig auf und kletterte nach draußen. Die Krieger bildeten einen dichten Kreis um Coacoochee, aber Jimmy fand trotzdem eine Lücke und kroch zwischen den Beinen der Männer nach vorn. Der Häuptling stand nur mit seinem Lendenschurz bekleidet vor einigen Negern. Jimmy blieb das Herz stehen. Es waren Männer und Frauen seiner Hautfarbe, in abgerissenen Kleidern und mit Wunden am ganzen Körper. Eine der Frauen schluchzte, eine andere blutete aus einer Hüftwunde und wurde von einem Seminolen gestützt. Erst jetzt erkannte Jimmy, daß mit den Negern auch Indianer gekommen waren. Sie redeten aufgeregt durcheinander und stießen Klagelaute aus, bis Coacoochee auch sie zum Schweigen brachte. „Was ist geschehen, meine Brüder?" fragte er eindringlich. „Erzählt!"

Ein mächtiger Neger, der mit einem neuen Gewehr bewaffnet und unverletzt war, trat vor. „Die weißen Soldaten haben unser Lager überfallen", sagte er auf englisch. „Sie haben uns am Rand der *pa-jay-okee* überrascht und unsere Hütten niedergebrannt!"

Ein erregtes Murmeln ging durch die Reihen von Coachoochees Seminolen. Jimmy erkannte, daß es sich bei dem Neger um einen der schwarzen Krieger der Seminolen handelte. Er lebte anscheinend noch nicht lange bei den Indianern und hatte ihre Sprache noch nicht erlernt.

„Sind sie noch auf eurer Spur?" fragte Coacoochee.

Der Neger schüttelte den Kopf. „Wir konnten sie abschütteln!" verkündete er in einem Kauderwelsch aus Seminole und Englisch. „Wir flohen in die Sümpfe, wo wir jeden Weg und jedes Wasser kennen, und wo die Weißen mit Blindheit geschlagen sind. Sie haben nicht gewagt, uns zu verfolgen!"

„Wie konnte der Überfall geschehen?"

„Unsere Männer waren müde", antwortete der Neger. „Wir waren viele Meilen durch den Sumpf gezogen, um anderen Soldaten zu entkommen. Wir hatten gerade ein neues Dorf gebaut, als uns diese Soldaten erwischten." Er senkte seine Stimme. „Wir haben mehrere Männer und ein Kind verloren!"

„Ein Kind?" Coacoochee wurde wütend, und Zornesfalten erschienen auf seiner Stirn. Er konnte nicht verstehen, daß die weißen Soldaten auch vor Kindern und Frauen nicht haltmachten und sie erbarmungslos töteten. „Diese elenden Hunde!" schrie er. „Dafür werden sie büßen! Für jedes Kind, das die Weißen töten, werde ich drei ihrer Kinder töten!" Er stieß den Kampfruf der Seminolen aus, um die schrecklichen Worte zu bekräftigen.

Jimmy erschauderte. Dieser Coacoochee war ein grausamer Mann, aber die weißen Soldaten hatten dennoch unrecht, wenn sie ihn als wildes Tier und Mörder verdammten. Wildkatze war ein sanfter und freundlicher Mensch, wenn man ihn in Ruhe und Frieden leben ließ, und wurde erst dann zum grausamen Rächer, wenn man ihn reizte oder ihm oder seinen Verwandten und Freunden unrecht tat. Dann war niemand mehr vor ihm sicher.

„Warum verfolgen wir die weißen Soldaten nicht?" fragte einer der Krieger. „Wir können sie noch einholen!" Vielstimmiges Geheul verkündete, daß er mit dieser Meinung nicht allein stand. Coacoochee gebot Ruhe. „Noch ist unsere Stunde nicht gekommen, meine Brüder! Wenn wir die weißen Soldaten jetzt verfolgen, locken sie uns auf flaches Land, wo sie uns überlegen sind. Wir wollen warten, bis sich die Natur mit uns verbündet!"

„Wann wird das sein?" rief ein Krieger. „Wie lange müssen wir noch warten, Coacoochee?"

Coacoochee stieß eine Faust empor. „Der Tag ist nicht mehr fern, Krieger der Seminolen! Noch ein oder zwei Monde, und wir werden alle weißen Männer in die Sümpfe locken und den Alligatoren zum Fraß vorwerfen!"

„Was ist mit Osceola?" rief jemand, als das Geheul verstummte. „Willst du nicht auf ihn warten?" Die Stimme gehörte Yehowlogee, einem tapferen Krieger, der eifersüchtig auf Coacoochee war und ihm seine hohe Stellung neidete.

Coacoochee verzog den Mund. Er war ein temperamentvoller Mann, der leicht in Rage geriet und dann unberechenbar war, aber er war nicht dumm. Er wußte, daß Osceola hohes Ansehen bei den Seminolen und sogar bei vielen Weißen genoß, und daß man sich besser nicht gegen ihn stellte. Coacoochee hielt Osceolas Vorgehen für falsch; er glaubte nicht, daß mit den Weißen noch zu reden war. Sie standen unter dem Druck ihrer großen Häuptlinge in Washington und der Siedler und mußten handeln, um ihr Gesicht nicht zu verlieren. Da half nur noch Krieg, und den Seminolen blieb nichts anderes übrig, als sich ihrer Haut mit Gewalt zu wehren. Aber Coacoochee wäre der letzte gewesen, der sich gegen einen Friedensvertrag gestellt hätte, wenn er die Wünsche und berechtigten Forderungen der Seminolen berücksichtigte.

„Osceola wird bald zurück sein", antwortete er diplomatisch. „Aber die Geister in meinen Träumen sagen mir, daß er nicht viel erreichen wird. Die Weißen wollen Krieg!"

„Was erzählen die Geister noch?" fragte ein Krieger.

Coacoochee war froh, daß er die Frage nicht beantworten mußte. Einer der Verwundeten, die inzwischen von den Frauen versorgt wurden, erwachte plötzlich aus seiner Bewußtlosigkeit und rief verzweifelt nach seiner Frau. „Maria!" rief er. „Maria! Maria! Wo bist du?"

Er bekam keine Antwort.

„Wo ist die Frau?" fragte Coacoochee, der froh war, daß jetzt das Thema gewechselt wurde. „Ist sie im Dorf gefallen?"

Der bullige Neger, der von dem Überfall auf die Stammesgruppe berichtet hatte, schüttelte den Kopf. „Vor ein paar Minuten war sie noch da", sagte er verwundert. „Ich habe sie selbst gesehen. Sie war schwer verwundet, und wir haben sie auf einer Bahre getragen!"

„Dann muß sie hier irgendwo in der Nähe sein", sagte Coacoochee aufgeregt. „Los, sucht nach ihr!" Er scheuchte seine Krieger mit einer heftigen Handbewegung auseinander und machte sich selbst auf die Suche nach der verwundeten Frau.

Jimmy machte, daß er zum *chikee* zurückkam. Es war plötzlich ganz still geworden, und selbst der Dschungel schien für einen Augenblick den Atem anzuhalten. Nur die Schreie des verwundeten Negers hallten durch die Nacht. „Maria!" rief er immer wieder.

„Maria! Wo bist du?"

Jimmy schluckte trocken. Er wollte gerade zu seinem Schlafplatz zurückkehren und in einen angenehmen Traum flüchten, als er ein leises Stöhnen zu hören glaubte. Er schüttelte verwundert den Kopf, lauschte einen Augenblick, als das Stöhnen wieder erklang. Jetzt war Jimmy beinahe sicher, daß er sich nicht täuschte. Er schlich vorsichtig in die Richtung, aus der das Geräusch gekommen war. Die Krieger waren alle

im Dschungel verschwunden und suchten dort nach der Frau, und er war beinahe allein im Lager.

Wieder erklang das Stöhnen, jetzt nur noch wenige Meter entfernt. Jimmy hielt den Atem an. Es konnte sich um ein wildes Tier handeln, das er noch nicht kannte. Oder um einen der weißen Soldaten, der den geflohenen Kriegern gefolgt war und ihn in eine Falle locken wollte. Der bullige Neger hatte selbst gesagt, daß die weißen Soldaten auch Kinder töteten. Aber es konnte sich auch um die verwundete Frau handeln, und dann durfte er keine Sekunde verlieren.

Jimmy nahm seinen ganzen Mut zusammen und trat hinter das Gebüsch, aus dem das Geräusch kam. Es war die Frau. Im Schein des Halbmondes erkannte er ihr schmerzverzerrtes Gesicht und die verkniffenen Lippen, die sie in ihrem Schmerz fest zusammengepreßt hatte. Sie blutete aus einer großen Bauchwunde, und der Junge mußte seine ganze Kraft aufwenden, damit ihm nicht schlecht wurde. „Du brauchst keine Angst mehr zu haben!" hörte er sich mit zitternder Stimme sagen. „Du bist in Sicherheit!"

Die Frau stöhnte wieder. Sie streckte zitternd eine Hand nach dem Jungen aus, und Jimmy ergriff sie. Er kniete neben der verwundeten Frau nieder. Er hatte längst erkannt, daß die Negerfrau im Sterben lag und nicht mehr lange durchhalten würde.

„Sind . . . sind die . . . Soldaten weg?" fragte sie mit schwacher Stimme.

Jimmy drückte die Hand der Frau. „Ja", sagte er, „sie sind alle weg! Du brauchst keine Angst mehr zu haben!"

Die Frau stöhnte. Ihr Gesicht war schweißbedeckt, und aus ihrem Mund kam Blut. Jimmy glaubte schon, daß sie gestorben war, als sich ihre Lippen plötzlich wieder bewegten. „Wo . . . ist mein . . . Mann?" kam es kaum hörbar über ihre Lippen. „John . . . John . . . ich habe solche . . . Angst . . ."

Jimmy bekämpfte die Tränen und zwang ein Lächeln auf sein Gesicht. Er wollte nicht, daß die Frau ein trauriges Gesicht mit in den Tod nahm. „Dort ist dein Mann!" log er. „Siehst du ihn nicht! Er steht hier neben mir . . ."

Die Frau wandte den Kopf. „John!" sagte sie. „John . . . ich sehe dich . . . John . . . auf Wiedersehen, John . . ." Ihr Kopf fiel zur Seite, und Jimmy sah, daß sie tot war. Er weinte jetzt hemmungslos und merkte gar nicht, daß jemand hinter ihn trat.

„Komm, geh schlafen!" sagte Coacoochee sanft. Er hatte schon die ganze Zeit hinter dem Jungen gestanden. „Ich sag ihrem Mann Bescheid. Er wird nicht mehr so traurig sein, wenn ich ihm sage, daß sie glücklich gestorben ist."

Der Junge nickte stumm und ging zum *chikee* des Häuptlings. Er lag noch lange wach und schlief erst gegen Morgen ein, als die ersten Strahlen der Sonne in die Hütte fielen.

5

Die Wochen vergingen, und Jimmy gewöhnte sich langsam an sein neues Leben bei den Seminolen. Die Erinnerung an die schreckliche Zeit bei dem Pflanzer verblaßte, und er fand wieder Freude am Leben. Er akzeptierte Coacoochee als seinen neuen Vater, trug einen Lendenschurz aus Pantherfell wie die anderen Jungen des Dorfes und half der Frau des Häuptlings bei der Arbeit. Ein Seminolenjunge, mit dem er sich angefreundet hatte, brachte ihm sogar die Sprache seines Volkes bei, und er konnte schon nach einigen Wochen verstehen, was die Seminolen sagten.

Von den Soldaten hörte Jimmy in diesen glücklichen Wochen nur wenig. Zwei Tage nach Ankunft der Flüchtlinge hatte ein Trupp junger Krieger unter der Führung von Yehowlogee den Sumpf abgesucht, aber die Everglades waren wie ausgestorben. Die weißen Männer ließen sich nicht blicken und waren wahrscheinlich in ihrem Fort, um neue Pläne zu schmieden. Osceola würde sicher mehr wissen, wenn er von seiner Reise nach Norden zurückkehrte.

Den Namen Osceolas hörte Jimmy sehr häufig. Um ihn schien sich alles zu drehen, auf ihn schienen sich alle Hoffnungen zu stützen, obwohl Coacoochee ein guter Häuptling und seinem Stamm ein weiser Führer war. Aber die Wildkatze der Seminolen war ein praktischer Mensch, der die grausame Wirklichkeit erkannte und sich keinen Illusionen hingab. Er rechnete mit einem blutigen Krieg, in dem die Weißen eine Entscheidung erzwingen würden. Osceola war ein Träumer, beinahe schon ein Symbol des Friedens und der Hoffnung, und die Seminolen klammerten sich an ihn wie an einen Messias.

Es war inzwischen Mai geworden, und feuchte Bodennebel kündigten die Regenzeit an. Die Luft wurde heiß und dick und machte das Atmen schwer. Die Seminolen waren diese Temperaturen seit vielen Jahren gewöhnt, aber Jimmy brauchte einige Zeit, bis er die stickige Treibhausluft ertrug. Coacoochee warnte ihn vor Schlangen und anderen giftigen Tieren, und er sah sich jeden Morgen genau um, bevor er aus dem *chikee* kletterte.

An einem dieser Morgen nahm ihn Coacoochee beiseite. Er hatte gesehen, daß der Junge in letzter Zeit wieder schlecht schlief. Das konnte nicht nur an dem heißen Klima liegen. „Jimmy", sagte er, „du hast wieder geträumt heute nacht!"

Der Junge war überrascht, daß der Häuptling Gedanken lesen konnte, antwortete aber nicht. Er hatte von seiner Schwester Sarah geträumt und wollte Coacoochee nicht damit belasten. Der Häuptling hatte genug andere Sorgen.

Coacoochee legte einen Arm auf seine Schulter. „Du hast an Sarah gedacht, nicht wahr? Du hast Angst um sie. Du hast Angst, daß die Weißen sie schlecht behandeln!"

Jimmy sah den Häuptling mit großen Augen an. Woher wußte Coacoochee, was er geträumt hatte? Und wie kam es, daß er den Namen seiner Schwester behalten hatte? Konnte er am Ende Gedanken lesen? Er nickte langsam.

Coacoochee nahm sein Gewehr, das er gegen einen Pfahl des *chikees* gelehnt hatte. „Vielleicht können wir deine Schwester befreien!" sagte er. „Es wird nicht leicht sein, aber wir wollen es wenigstens versuchen!"

„Nur wir beide?" Jimmy sah ihn entgeistert an.

„Viele Männer wären nur hinderlich bei einem solchen Unternehmen", erwiderte der Häuptling. „Ich würde allein gehen, aber du kennst den Weg und kannst mir deine Schwester zeigen!"

Der Junge hatte sich noch immer nicht von seinem Schrekken erholt. „Aber was ist mit den Hunden?" fragte er. „Und den Wächtern? Sie werden uns töten!"

Coacoochee lächelte grimmig und klopfte auf sein Gewehr und das Messer und den Schädelbrecher an seiner Seite. „Wir werden uns zu wehren wissen! Hast du eine Waffe?"

„Ein Messer. Aber ich kann nicht . . ."

„Keine Angst", schnitt ihm der Häuptling das Wort ab, „du wirst es nicht brauchen! Du sollst mir nur den Weg zeigen! Den Rest mache ich allein. Ich kenne mich mit den Hunden der weißen Männer aus!"

Jimmy schluckte. Coacoochees sanfte Stimme klang plötzlich wieder scharf und schneidend, und der Junge spürte, daß das Jagdfieber der Wildkatze und ihr Haß auf alle weißen Männer wieder erwacht war.

Coacoochee winkte seiner Frau zu und deutete zum Himmel. „Gehen wir", sagte er. „Wir wollen bis zum Abend wieder zurück sein!" Er ging zum Flußufer und schob das Kanu ins Wasser. Jimmy hatte Mühe, ihm zu folgen, und saß kaum im Boot, als der Häuptling zu paddeln begann.

Während der Fahrt sprachen die beiden kein einziges

Wort. Jimmy hockte stumm auf dem Boden des Kanus und zuckte nur einmal zusammen, als sie an der Stelle vorbeikamen, wo Coacoochee die beiden Alligatoren getötet hatte. Auch jetzt lagen wieder mehrere Bestien in dem Tümpel, nahmen aber keine Notiz von dem vorbeifahrenden Kanu und blieben träge und unbeweglich in ihrem Nest liegen. Jimmy atmete erleichtert auf, als die Stelle hinter ihnen lag.

Zwei Stunden später erreichten sie die Stelle, an der der Junge sich vor den Hunden ins Wasser gerettet hatte. Jetzt bei Tag sah alles ganz anders aus, und der Junge hatte keine Schwierigkeit, Coacoochee den Weg zu zeigen, nachdem sie aus dem Kanu gestiegen waren und das Boot im Uferschilf versteckt hatten. Er ging zielstrebig durch den Wald, gefolgt von Coacoochee, der sich ständig nach allen Seiten umsah und sein Gewehr schußbereit in den Händen hielt. Nach einem kurzen Marsch blieb der Junge in sicherer Entfernung vor einer Lichtung stehen.

„Da vorn", sagte er mit zitternder Stimme, „da vorn ist das Feld, wo sie arbeiten!"

Sie waren jetzt noch vorsichtiger und schlichen langsam und auf allen vieren an die Lichtung heran. Coacoochee hatte die Führung übernommen, und Jimmy bemerkte staunend, daß sich der Häuptling vollkommen lautlos durch das Unterholz bewegte. Der Junge ahmte jede seiner Bewegungen nach, aber es gelang ihm trotzdem nicht, so schnell und lautlos vorwärtszukommen.

Am Rand der Lichtung gingen der Häuptling und der Junge hinter einem Gebüsch in Deckung. Aus der Ferne war der Gesang der Neger zu hören, und Jimmy überlief ein eisiger Schauer, als er daran dachte, daß seine Schwester bei den Sklaven war. Er hörte das Knallen einer Peitsche und Barnes' kräftige Stimme, die einen Sklaven maßregelte. Der Aufseher war also noch am Leben. Auf der einen Seite war Jimmy froh, daß er den Aufseher nicht getötet hatte, auf der anderen Seite wären vielen Sklaven schmerzhafte Peitschenhiebe erspart geblieben, wenn Barnes nach seinem Sturz von der Kiefer nicht mehr aufgewacht wäre. Er war der grausamste Aufseher von allen, und die anderen waren im Vergleich zu ihm freundliche und rücksichtsvolle Burschen.

„Wo ist Sarah?" fragte Coacoochee. Sie waren noch so weit von den Aufsehern entfernt, daß sie sich keine Sorgen um die Hunde zu machen brauchten. „Kannst du sie sehen?"

Jimmy blickte angestrengt zu den Negern hinüber. Er erkannte zwei entfernte Bekannte seines Vaters und eine Frau, die sich oft mit seiner Mutter unterhalten hatte. Sarah war nicht zu sehen. „Nein", sagte der Junge unsicher, „aber sie sind alle auf den Feldern. Sie muß hier sein!"

„Schau genau hin!" sagte Coacoochee eindringlich.

Der Junge kniff die Augen gegen die Sonne zusammen und blickte noch einmal zu den arbeitenden Negern hinüber. Aber er fand seine Schwester nicht. „Vielleicht ist sie . . .", begann er leise. Er wagte nicht, den entsetzlichen Gedanken auszusprechen.

Coacoochee kniff die Lippen zusammen. Wahrscheinlich hatte er denselben Gedanken gehabt. „Warte hier!" sagte er, nachdem er sich zu einem Entschluß durchgerungen hatte. „Ich bin gleich wieder zurück!"

„Du willst näher ranschleichen?"

Der Seminole nickte. „Vielleicht kann ich etwas erfahren!" Er schlich davon und blickte noch einmal zurück. „Wenn ich entdeckt werde, oder die Hunde zu bellen anfangen, lauf zum Kanu zurück! Hast du verstanden?"

„Und du?"

„Ich komme schon zurecht!" antwortete Coacoochee. Im selben Augenblick war er im kniehohen Gras verschwunden, und Jimmy war allein mit dem Wind und dem fernen Singen der Neger.

Nach einer halben Stunde war von Coacoochee noch immer nichts zu sehen oder zu hören. Der Junge hatte schon Angst, daß er entdeckt oder getötet worden war, aber bei den Aufsehern war alles ruhig, und auch die Hunde rührten sich nicht. Jimmy wurde immer nervöser. Er schwitzte und schwebte in der ständigen Angst, daß ihn die Hunde wittern würden. Noch einmal würde ihm das Glück bestimmt nicht zur Seite stehen. Er umklammerte sein Messer und duckte sich noch tiefer hinter das Gebüsch.

Plötzlich tauchte Coacoochee vor ihm auf. Er kam so plötzlich, daß Jimmy einen Schrei ausgestoßen hätte, wenn der Seminole ihm nicht eine Hand auf den Mund gelegt hätte. „Ich bin es", sagte Coacoochee. „Schnell, wir müssen hier weg!"

Sie schlichen davon und rannten durch den Wald zum Ufer des Flusses zurück. Jimmy brannte vor Neugierde, brachte aber kein Wort über die Lippen, bis sie im Kanu saßen und ein gutes Stück vom Ufer entfernt waren.

„Hast du sie gesehen?" fragte er.

Coacoochee schüttelte den Kopf. „Es war überhaupt kein Mädchen bei den Negern", sagte er.

„Dann ist sie doch . . ."

„Nein", antwortete der Seminole.

„Du hast etwas erfahren?" fragte Jimmy hoffnungsvoll.

„Nicht viel", erwiderte der Häuptling, „aber ich weiß, daß sie am Leben ist. Die Aufseher haben miteinander gesprochen. Der Pflanzer hat das Mädchen an einen anderen Weißen verkauft!"

Jimmy war verzweifelt. „Aber an wen? Wie sollen wir sie finden, wenn wir nicht wissen, an wen er sie verkauft hat?"

„Unsere Späher werden sie finden!" machte Coacoochee dem Jungen Mut. „Vielleicht nicht morgen und auch nicht übermorgen, aber sie werden das Mädchen finden!"

Jimmy senkte niedergeschlagen den Kopf. Er glaubte nicht an das, was der Häuptling gesagt hatte. Die Kundschafter des Stammes hatten wichtigere Dinge zu tun, als nach einem Negermädchen zu suchen. Sie mußten herausfinden, wo sich die weißen Soldaten aufhielten, und was sie vorhatten. Da hatten sie bestimmt keine Zeit, nach Sarah zu suchen. Der Junge versank in düstere Gedanken und wurde erst munterer, als sie das Dorf erreicht hatten und einige Krieger aufgeregt herbeigelaufen kamen.

„Osceola ist zurück!" riefen sie. „Er war bei den weißen Soldaten! Osceola ist zurück!"

Die Rückkehr des schon zu Lebzeiten legendären Häuptlings vertrieb die Gedanken des Jungen und machte gespannter Erwartung Platz. Heute abend würde Osceola zu seinem Stamm sprechen und von den Erlebnissen auf seiner Reise ins Land des weißen Mannes berichten. Coacoochee war nicht gerade erfreut, als er davon hörte. Osceola würde einige Tage lang im Mittelpunkt des allgemeinen Interesses stehen, und keiner würde auf ihn hören. Coacoochee gestand das nicht gerne ein, aber er brauchte nur Jimmy anzusehen, um zu wissen, daß auch er von der allgemeinen Aufregung angesteckt worden war.

Aber es blieb ihm nichts anderes übrig, als gute Miene zu diesem Spiel zu machen. Sollten sie doch an die Träumereien dieses Osceola glauben. Sollten sie doch Beifall rufen, wenn er von den Friedensbeteuerungen der weißen Männer erzählte. Denn darüber gab es bei Coacoochee keinen Zweifel. Die Weißen wollten über einen Frieden verhandeln. Das sagten sie jedenfalls, und Träumer wie Osceola glaubten jedes Wort. Coacoochee aber wußte es besser. Seine Stunde würde kommen, wenn die Seminolen einsahen, daß man den Weißen niemals trauen konnte. Dann würde er zum Krieg aufrufen und wie ein Sturmwind über die weißen Siedler kommen.

Am Abend saß Coacoochee neben Osceola. Die Krieger saßen in einem großen Kreis um das Feuer, das man auf dem freien Platz zwischen den *chikees* angezündet hatte. Dahinter nahmen Frauen und Kinder Platz. Jimmy war im *chikee* geblieben, weil er von dort aus einen besseren Ausblick hatte und Osceola auch besser verstehen konnte. Noch saßen die beiden Häuptlinge allerdings schweigend nebeneinander und rauchten. Jimmy hatte genug Zeit, sich den legendären Häuptling anzusehen.

Osceola hatte sein Festtagsgewand angelegt. Er trug einen roten Mantel aus einem samtartigen Stoff mit vielen Verzierungen und einem Schmuck aus gefärbten Reiherfedern. Seine Mokassins waren bunt bestickt, und auf seiner Brust prangte eine kupferne Halskette mit drei goldenen Halbmonden. Sein Turban war aus Stoff und mit drei Kranichfedern geschmückt. Jimmy stellte erstaunt fest, daß Osceola noch sehr jung war, er war höchstens dreißig. Er hatte sich den Häuptling als einen weisen Alten vorgestellt. Das Gesicht Osceolas aber war kantig und zeigte eine Entschlossenheit, die man nur bei jungen Leuten fand.

Eigentlich komisch, dachte der Junge, daß der so entschlossen aussehende Osceola so viel von Frieden hielt und so großes Vertrauen in die Worte des weißen Mannes setzte, während Coacoochee mit seinem sanften Gesicht den Krieg als einzige Lösung des Konfliktes anerkannte.

Nach einiger Zeit erhob sich Coacoochee. Er ließ sich nichts von seinem Ärger anmerken, und die Worte kamen sanft und glatt über seine Lippen. „Wir freuen uns, daß du zurückgekehrt bist", sagte er zu Osceola. „Wir sind gespannt, ob du unserem Volk Hoffnung geben kannst! Sprich, Bruder!"

Osceola ließ die Worte auf sich einwirken und stand langsam auf. Sein kantiges Gesicht leuchtete bronzefarben im Schein des Feuers. „Ich danke dir, mein Bruder!" sagte er.

Jimmy fand, daß seine Stimme genauso kräftig klang wie die von Coacoochee. „Ich bin froh, wieder bei den Männern, Frauen und Kindern meines Volkes zu sein. Ich sehe auch die schwarzen Gesichter unserer Brüder, die unter der Willkür der weißen Pflanzer zu leiden hatten und bei uns eine neue Heimat gefunden haben."

Jimmy lächelte. Es freute ihn, daß ihn der Häuptling begrüßt hatte, obwohl er ihn bestimmt nicht sah. Der Junge saß an einem Pfahl des *chikees* gelehnt, und sein Gesicht lag im Dunkeln verborgen.

„Was haben die weißen Soldaten gesagt?" rief ein junger Neger, der nicht die Geduld seiner indianischen Brüder hatte. „Wollen sie Frieden? Wollen sie Krieg?"

Osceola überhörte den Einwurf. „Meine Reise führte mich weit nach Norden bis zu dem großen Wasser, das wir Okeechobee nennen, und für das die Weißen keinen Namen haben. Ich sprach mit einem weißen Soldaten, der sich Thompson nannte und die Sterne eines Häuptlings auf seinen Schultern trug."

„Was hat er gesagt?" rief der ungeduldige Neger. Osceola warf ihm einen vernichtenden Blick zu.

„Er erzählte von dem großen weißen Vater in Washington, der Frieden für seine roten Kinder will und die Gefahr eines Krieges von diesem Land nehmen will!"

Coacoochee verzog geringschätzig die Lippen.

„Er erzählte auch", fuhr Osceola fort, „daß die Weißen einen neuen Oberhäuptling in unser Land geschickt haben. Er heißt Thomas Jesup und will sich für den Frieden in diesem

Land einsetzen! Ich soll ihn mit einigen Kriegern in der Festung besuchen, die sie Fort Peyton nennen, und mit ihm über die Zukunft unseres Landes und den Frieden zwischen unseren beiden Völkern reden!"

Jetzt war es heraus, und Coacoochee hielt es nicht länger auf seinem Platz. „Woher willst du wissen, daß er es ehrlich meint? Woher willst du wissen, daß er uns nicht betrügt?"

„Wir müssen versuchen, den weißen Soldaten zu vertrauen!" antwortete Osceola.

„Vertrauen?" rief Coacoochee. Er konnte sich einfach nicht mehr beherrschen. „Wie können wir den weißen Soldaten vertrauen?" rief er mit hochrotem Gesicht. Seine Stimme übertönte sogar die lauten Geräusche des nächtlichen Dschungels. „Hast du nicht gehört, daß sie ein Dorf unserer Brüder überfallen haben? Hast du nicht von den Verbrechen gehört, die sie an unseren schwarzen Brüdern begehen?"

„Ich weiß, daß die Weißen viel Unrecht begangen haben", versuchte Osceola seinen Stammesbruder zu beruhigen. „Aber einmal muß Schluß sein mit dem ewigen Reden von Rache und Vergeltung. Ein Friedensvertrag zwischen unseren beiden Völkern würde allen Streit beenden!"

Coacoochee wurde immer wütender. „Vor einigen Jahren hast du anders gesprochen!" tobte er. „Du hast dein Messer in das falsche Papier des weißen Mannes gestoßen. Und du hattest recht. Du hast selbst gesehen, wie es einem Teil unserer Brüder ergangen ist . . ."

„Aus dir spricht die Stimme der Rache", sagte Osceola. Ihn schien nichts aus der Ruhe zu bringen. „Aber jetzt haben die

Weißen einen neuen Befehlshaber, und es wird nicht mehr zu einem so blutigen Verrat kommen. Dieser Mann, den sie Jesup nennen, ist anders und wird so etwas nicht dulden!"

Coacoochee ließ sich nicht beruhigen. „Wie kannst du das wissen?" fragte er. „Hast du ihn gesehen?"

Der Häuptling schüttelte den Kopf. „Aber ich habe gesehen, wie gut seine Soldaten einige Sklaven behandelt haben. Sie brachten sie zur Festung und taten ihnen kein Leid an! Einem kleinen Mädchen haben sie sogar . . ."

„Einem Mädchen?" unterbrach Coacoochee den Häuptling. Ihm kam plötzlich eine Idee. „Weißt du, wie das Mädchen hieß?"

Osceola blickte den anderen verwundert an. Seit wann interessierte sich die Wildkatze der Seminolen für kleine Negermädchen? Warum vergaß er seine Wut, nur um den Namen der jungen Slavin zu erfahren? „Sarah, glaube ich", antwortete er.

Jimmy sprang auf. „Sarah!" schrie er. Er bahnte sich einen Weg durch den Kreis der Männer, Frauen und Kinder und blieb aufgeregt vor Osceola stehen. „Sarah! Wie geht es ihr?"

Der Häuptling wußte nicht, ob er sich über die Dreistigkeit des jungen Negers ärgern oder wundern sollte. Aber als Coacoochee ihm in knappen Sätzen zuflüsterte, was geschehen war, nickte er verständnisvoll. „Es geht ihr gut", sagte er. „Die weißen Soldaten bringen sie in die Festung, wo sie im Laden arbeiten soll!"

„In Fort Peyton?" fragte Jimmy. Er zitterte vor Aufregung.

Osceola nickte. „So nennen die Weißen die Festung. Ich werde dem weißen Befehlshaber sagen, daß er das Mädchen freigeben und zu uns schicken soll!"

Jimmy schüttelte den Kopf. „Ich werde es ihm sagen!" erwiderte er heftig. „Ich werde mit euch kommen und mit diesem Jesup reden! Und wenn er sie nicht freiwillig herausgibt, werde ich sie nachts befreien und nach Hause holen!"

Ein Raunen ging durch die Menge. Eine solche Kühnheit hatten die Bewohner des Dorfes noch nicht erlebt. Sie bewunderten den Mut des Jungen, der sich dem obersten Häuptling der weißen Soldaten entgegenstellen wollte, nur um seine Schwester wieder zu sich zu holen. Aber sie verurteilten auch seine Ungeduld und die Anmaßung, sich über alle Regeln hinwegzusetzen. Kein Seminolenjunge hätte jemals gewagt, dem großen Osceola ins Wort zu fallen, den Kreis der Krieger zu durchschreiten und vor ihn zu treten. Der Platz der Mädchen und Jünglinge war bei den Frauen am äußersten Rand des Zuhörerkreises. Wie kam dieser Junge dazu, die ehernen Gesetze der Seminolen zu durchbrechen?

„Deine Worte sind kühn", antwortete Osceola, der den Jungen nicht maßregelte, aber verwirrt schien und nervös mit den Lippen zuckte. „Aber unsere Mission ist sehr wichtig, und wir können keinen Jungen dabei gebrauchen! Es geht um den Frieden und die Zukunft unseres Volkes!"

Es folgte betretene Stille. Jimmy fühlte sich trotz der freundlichen Worte zurechtgewiesen, und seine Gefühle schwankten zwischen Verstörtheit und Wut auf den Häuptling. Er trat unruhig von einem Fuß auf den anderen und wußte nicht, wie er sich mit Anstand aus dieser Affäre ziehen sollte.

„Ich werde an deiner Stelle gehen!" sagte Coacoochee in die Stille hinein und befreite seinen Adoptivsohn damit aus seiner mißlichen Lage. Er hatte Verständnis für ihn und wußte, daß bei den Negern andere Regeln und Gesetze galten. „Ich werde Sarah befreien und zu dir zurückbringen!"

Wieder entstand Unruhe. Durch die Worte des Jungen und sein Problem hatte die Diskussion eine ganz andere Richtung genommen. Die Wildkatze der Seminolen, die sich eben noch gegen das Unternehmen ausgesprochen hatte, würde Osceola sogar auf seiner Friedensmission begleiten.

„Du willst mit mir für den Frieden sprechen?" fragte Osceola, der Coacoochee noch immer nicht traute.

Coacoochee legte eine Hand auf sein Herz. „Ich werde dich begleiten und dafür beten, daß die Wünsche und Hoffnungen unseres Volkes in Erfüllung gehen!" sagte er vieldeutig.

Damit war alles gesagt. Die Seminolen blieben noch eine Weile stumm sitzen und erhoben sich dann und gingen in ihre *chikees*. Auch Jimmy zog sich zum Schlafen zurück. Er sagte kein Wort zu Coacoochee, aber der Häuptling wußte auch so, daß ihn sein Adoptivsohn verstand. Es bedurfte keiner Worte mehr zwischen ihnen.

6

Am nächsten Tag verließen die beiden Häuptlinge das Lager. Mit ihnen stiegen vier Krieger in die Kanus, die von einigen Frauen mit Proviant und Vorräten beladen worden waren. Yehowlogee, Mikenopah, Lashee und Coeehajo waren ausgesucht worden, weil sie die meiste Erfahrung hatten und auch stattlich genug aussahen, um den weißen Häuptlingen gegenüberzutreten.

Jimmy stand am Ufer, als zwei der Krieger die beiden großen Boote ins Wasser schoben und dann selbst hineinsprangen. Sie paddelten mit langgezogenen Paddelschlägen davon und hatten schon bald die Mitte des Flusses erreicht. Coacoochee winkte Jimmy noch einmal zu. Dann verschwand das Kanu hinter einer Flußbiegung, und der Junge war allein mit den Seminolen, die mit ihm ans Ufer getreten waren.

Er stand auch eine Stunde später noch dort. Die anderen Jungen spielten längst wieder im Dorf, die Krieger waren auf die Jagd gegangen, und die Frauen bereiteten das Mittagessen vor. Der Junge aber starrte in Gedanken versunken auf den Fluß hinaus und dachte an seine Schwester, die jetzt in der Gewalt der weißen Soldaten war. Er glaubte Osceola. Die Soldaten behandelten sie bestimmt besser als Barnes und die Aufseher. Auch der Ladenbesitzer im Fort, an den sie verkauft worden war, würde nicht so böse zu ihr sein. Aber dazu gehörte auch nicht viel, und Sarah würde das bleiben, was sie immer gewesen war: eine Sklavin, eine Gefangene der Weißen.

Jimmy ließ den Kopf hängen. Die Sklaverei schien das Schicksal aller farbigen Völker zu sein. Den Indianern auf den Reservationen in dem Land, das sie Indianerterritorium nannten, erging es bestimmt nicht besser als den Sklaven auf den Pflanzungen der Herren im Süden. Auch sie würden arbeiten müssen und nichts dafür bekommen außer Peitschenhiebe und Hohngelächter. Coacoochee hatte bestimmt recht, wenn er sich gegen dieses Schicksal auflehnte und einen Kampf in Freiheit verzog. Jimmy fragte sich wieder, warum dies alles geschehen mußte, aber er fand immer noch keine Antwort darauf. Sein Kopf schmerzte, als er länger darüber nachdachte.

Vielleicht würden Osceola und Coacoochee und die Krieger im Fort etwas erreichen. Vielleicht sprachen die Weißen diesmal mit gerader Zunge, und vielleicht meinte es dieser General Jesup ja wirklich ehrlich. Jimmy wußte von seinem Vater, daß schon viele Offiziere mit dem Oberkommando in Florida betraut worden waren, und daß sie alle gescheitert und vom Präsidenten zurückgerufen worden waren. Manche waren unfähig und für die schwere Aufgabe nicht geeignet gewesen, andere scheiterten am energischen Widerstand der Seminolen, und die meisten konnten sich gar nicht auf das andersartige Wesen der Indianer einstellen. Sie wollten einfach nicht einsehen, daß Indianer anders dachten und empfanden als die Weißen.

Jimmy schüttelte die unbequemen Gedanken ab und wandte sich um. Er würde zum *chikee* zurückgehen und den Frauen bei der Arbeit zuschauen. Er hatte jetzt keine Lust, mit den Jungen zu spielen, und er wollte auch nicht bei den anderen sein. Die Neger des Stammes würden ihm sicher Fragen stellen, und er war jetzt nicht in der Stimmung, sie zu beantworten. Er wollte gerade gehen, als sein Blick auf die am Ufer liegenden Boote fiel. Sie lenkten seine Gedanken wieder zu Coacoochee und Osceola zurück, die auf dem Weg ins Fort der Weißen waren. Würden sie sich auch wirklich um seine Schwester kümmern? Coacoochee hatte es versprochen, aber es ging um den Frieden und die Zukunft des Volkes der Seminolen, und die Interessen eines einzelnen Negerjungen mußten vielleicht hinter den Interessen des Volkes zurückstehen. Vielleicht ließ sich Jesup auf keinen Handel ein und drohte sogar mit Vernichtung, wenn Coacoochee zu lange mit ihm handelte. Den Weißen war alles zuzutrauen.

Jimmy wurde nachdenklich. Er sah zu den *chikees* auf der Lichtung, dann wieder auf die Boote. Er wurde immer unsicherer. Was würde passieren, wenn er den Häuptlingen folgte? Sie hatten ihm verboten, bei der Verhandlung dabeizusein, aber es schadete bestimmt nicht, wenn er sich die Sache aus der Ferne ansah. Wenn dann etwas schieflief, konnte er immer noch selber etwas unternehmen. Nein, das konnten sie ihm nicht verbieten. Und wenn er aufpaßte, würden sie ihn ja nicht einmal zu Gesicht bekommen.

Der Junge blickte sich vorsichtig um, sprang dann in eines der Kanus und nahm das Paddel auf. Obwohl er über sein Vorhaben nachgedacht hatte, quälte ihn das schlechte Gewissen. Die Indianer im Dorf würden sich sicher Sorgen machen, wenn sie sein Verschwinden entdeckten. Auf der anderen

84

Seite konnte er ihnen schlecht Bescheid sagen, da sie ihn sonst bestimmt zurückgehalten hätten. Vielleicht wäre er auch selbst schwach geworden, denn der Weg durch die Sümpfe war lang und beschwerlich und sehr gefährlich.

Jimmy stieß das Paddel tief ins Wasser und beeilte sich, aus der Sichtweite des Dorfes zu kommen. Er lenkte das Boot in die Mitte des Flusses und tauchte zwischen den Zweigen hindurch, die von den Uferbäumen ins Wasser herabhingen. Eine Schildkröte schwamm dicht an seinem Boot vorbei und verschwand im Uferschilf. Im Gras quakten die Ochsenfrösche, und unzählige Insekten hingen wie ein flimmernder Hitzeschleier über dem brackigen Wasser. Jimmy hatte sich längst an sie gewöhnt und kümmerte sich nicht mehr um ihre Stiche.

Es ging immer weiter in die Sümpfe hinein. Jimmy hatte keine Ahnung, welchen Weg er einschlagen mußte, um zum Fort zu kommen, aber er hoffte, die beiden Boote der Häuptlinge einzuholen und ihnen dann unbemerkt folgen zu können. Ein irrwitziger Gedanke, den auch Jimmy sofort verworfen hätte, aber er war verblendet durch die Sorge um seine Schwester und die vielen Aufregungen, die er während der letzten Monate erlebt hatte. Obwohl ihm äußerlich schon lange nichts mehr anzumerken war, machte ihm der Tod seiner Eltern doch schwer zu schaffen, und er träumte immer noch von der schrecklichen Nacht im Wald.

Jimmy blickte zum Ufer. Er wollte sich nicht wieder von Alligatoren überraschen lassen, aber in seinem Kanu war er verhältnismäßig sicher, und es waren auch keine der häßlichen Bestien zu sehen. Dafür sah Jimmy einen Waschbären am Ufer stehen, der ausgiebig sein Fell putzte und sich auch nicht durch einen Otter stören ließ, der das Ufer für sich beanspruchte und dort auf Fischfang gehen wollte. Ein kreisender Bussard beobachtete die beiden aus sicherer Entfernung.

Es war drückend heiß, und auch der sanfte Wind, der über den Fluß wehte, brachte kaum Linderung. Jimmy schwitzte schon bald aus allen Poren, und das Paddeln machte ihm doch mehr zu schaffen, als er sich selbst gegenüber zugeben wollte. Er wurde unsicher und glaubte auf einmal selbst nicht mehr daran, daß er die Boote der Häuptlinge einholen würde. Aber er war jetzt schon zu weit vom Dorf entfernt und wollte nicht mehr zurückkehren. Statt dessen paddelte er noch schneller, bis sich schmerzende Blasen auf seinen Handflächen bildeten und ihm jede Bewegung zur Qual machten.

Jimmy ließ keuchend das Paddel sinken und blickte nach vorn. Der Fluß gabelte sich. Eine der drei Wasserstraßen führte in den See, dessen anderes Ufer zu sehen war. Eine andere gabelte sich erneut und verschwand im Dschungel. Die dritte schlängelte sich in ein Dickicht und verlor sich zwischen den Bäumen. Der Junge wußte nicht, welchen Weg die Häuptlinge genommen hatten, und entschied sich für den großen See. Dieser Weg war so gut wie jeder andere, und Jimmy hatte keine große Lust, sich in dem Tümpel von Alligatoren oder Wasserschlangen überraschen zu lassen.

Auf dem See kam Jimmy zügiger voran. Jetzt waren ihm keine Schlingpflanzen mehr im Weg, und er mußte nur den *hammocks* ausweichen, schwimmenden Bauminseln mit abgestorbenen Zypressen oder Mangroven. In den Bäumen hingen schimmernde Geisterorchideen, die wie Farbklekse aussahen, die ein Maler in den Baum gespritzt hatte.

Jimmy brauchte fast zwei Stunden, um den riesigen See zu überqueren. Er ließ das Paddel sinken und ließ sich keuchend von der Strömung treiben. Er zweifelte immer stärker an seinem Unternehmen und wurde wütend auf sich selbst, weil er nicht länger über das Vorhaben nachgedacht hatte. Wer impulsiv handelte, beging in dieser Wildnis einen Fehler, und ein Fehler war in den *pa-jay-okee* oft gleichbedeutend mit dem Tod.

Jimmy stieß wieder das Paddel ins Wasser. Obwohl er müde und am Ende seiner Kräfte war, wollte er noch bis zum Einbruch der Dämmerung weiterpaddeln und erst dann nach einem Lagerplatz Ausschau halten. Der See mündete in einen breiten Fluß, der verhältnismäßig leicht zu befahren war. Er paddelte unverdrossen weiter, hatte längst keine Augen mehr für die bunten Tiere und Vögel am Ufer und schaffte noch zwei Meilen, bis die Sonne hinter den Bäumen versank.

Es wurde schnell dunkel, und Jimmy beeilte sich, einen geeigneten Lagerplatz zu finden. Endlich entdeckte er eine breite Sandbank, die sich vom Ufer aus in den Fluß hinausstreckte und eine gute Möglichkeit zum Übernachten bot. Alligatoren waren nicht zu sehen, und Jimmy hoffte, daß sich das auch nicht ändern würde. Aber gefährlich war es überall in den Everglades, und es galt nur, einen einigermaßen sicheren Platz herauszusuchen.

Jimmy lenkte das Kanu ans Ufer, sprang an Land und zog

das Boot in den Sand. Ihm fiel plötzlich ein, daß er weder eine Decke noch Vorräte mitgenommen hatte, aber er machte sich keine allzu großen Sorgen. Bei dieser Hitze würde er keine Decken brauchen, und im Wasser schwammen genug Fische, die er sich fangen konnte. Ein Seminolenjunge hatte ihm beigebracht, die glitschigen Fische mit der Hand aus dem Wasser zu angeln, und er hatte es zu einiger Fertigkeit gebracht. Auch beim Anzünden eines Feuers war er recht geschickt, obwohl er immer noch doppelt so lange brauchte wie die anderen Jungen im Dorf.

Jimmy blieb einige Minuten im Sand sitzen, um sich von den Strapazen der anstrengenden Fahrt zu erholen. Dann stapfte er ins Wasser, um sein Abendessen zu fangen. Er war wie alle Seminolenjungen nur mit einem Lendenschurz aus Pantherfell bekleidet. Das kühle Wasser tat seinen Füßen gut, und er genoß die Wellen, die gegen seine Beine schlugen. Plötzlich fühlte er ein Brennen an seinem Bein, aber er dachte sich nicht viel dabei und blieb im Wasser stehen, ohne daß sich das Brennen verschlimmerte.

Wenig später hatte er einen stattlichen Wels gefangen, und er machte sich daran, ein kleines Feuer zu entzünden.

Sein linkes Bein fühlte sich etwas taub an, aber er dachte sich nicht viel dabei und ließ sich dadurch nicht stören. Als das Feuer endlich brannte und er im Sand saß und den Fisch ausnahm, wurde das seltsame Gefühl in seinem Bein immer stärker. Er entdeckte einen kleinen blauen Fleck und eine Bißwunde, die nur von einer Wasserschlange stammen konnte.

Es gab viele Arten von Wasserschlangen in den Everglades. Viele waren harmlos, und manche waren so giftig, daß sie einen Menschen töten konnten, wenn er nichts unternahm. Jimmy brach der kalte Schweiß aus. War der Biß giftig gewesen? Hatte die Schlange ihr Gift in seinen Körper gespritzt? Was bedeutete das seltsame Gefühl in seinem Bein, das immer stärker wurde und sich in seinem ganzen Körper auszubreiten schien?

Jimmy begann zu keuchen. Er fühlte sich schwach und ausgelaugt, und ein tiefes Müdigkeitsgefühl machte sich in seinem Körper breit. Er redete sich ein, daß es nur die Angst war, die seinen Körper lähmte, aber das taube Gefühl in seinem Bein und die Schwäche nahmen immer mehr zu. Er mußte sich sogar hinlegen. Er schwebte am Rande einer Bewußtlosigkeit, aber die Angst vor einem qualvollen Tod hielt ihn wach, und er zwang sich mit letzter Kraft die Augen offenzuhalten. Er wollte etwas tun gegen die Schwäche, aber er hatte keine Ahnung, was er hier in der Wildnis gegen einen Schlangenbiß unternehmen sollte.

Plötzlich drangen Stimmen an sein Ohr. Es war eine Sprache, die er nicht verstand und nur an ihrem Klang erkannte. Zwei Spanier unterhielten sich ganz in seiner Nähe. Jimmy wußte nicht, wo die Spanier waren und ob sie ihn entdeckt hatten, aber ihre Stimmen waren ganz nah und klangen bedrohlich. Jimmy erinnerte sich daran, daß sein Vater von den Spaniern erzählt hatte. Daß es ihnen genauso ergangen war wie den Negern und Indianern. Jimmy lächelte. Dann konnten die Männer nicht böse sein, und sie würden ihm bestimmt nichts tun. Er blieb ruhig liegen und wartete darauf, daß sie ihn entdeckten. Er brachte nicht die Kraft auf, nach ihnen zu rufen, und er schaffte es auch nicht, sich zu verstecken und erst einmal abzuwarten.

Die Stimmen kamen immer näher. Jimmy hörte sie wie aus weiter Ferne und merkte gar nicht, daß ihm die Augen zufielen. Bunte Schleier wehten vor ihm im Wind und umhüllten ihn langsam. Es war angenehm, sich einfach treiben zu lassen und langsam einzuschlafen. Die Männer würden ihn finden. Und sie würden ihn vor dem Tod retten. Er konnte ruhig schlafen und sich von den Strapazen erholen.

7

Die beiden Männer zogen ihr Kanu an Land und blieben grinsend vor dem bewußtlosen Jungen stehen. Sie waren groß und kräftig und mit weißen Tuchhosen bekleidet, die ihnen in Fetzen an den Beinen herunterhingen. Ihre Oberkörper waren muskulös und mit zahlreichen Narben bedeckt. Die Nase des einen Mannes war seltsam verformt, und der andere hatte keine Vorderzähne mehr. Beide waren mit Messern und Gewehren bewaffnet, die sie scheinbar zufällig auf den Jungen richteten.

„Ein Negerbengel!" sagte der Mann mit der verformten Nase abfällig. „Soll ich ihn abknallen, Pedro?"

Pedro sah in vorwurfsvoll an. „Du hast sie wohl nicht mehr alle!" lispelte er. „Diese Schwarzen sind bares Geld wert!

Wenn wir den Bengel irgendwo auf dem Markt verkaufen, verdienen wir ein Vermögen!"

„Auf dem Markt? Wo denn?"

„Dem Don wird schon was einfallen", erwiderte Pedro. Er bückte sich, um den Jungen aufzuheben, und fuhr erschrokken zurück.

„He, sieh dir das an!" meinte er. „Sieht aus wie'n Schlangenbiß!"

Sein Partner bekam große Augen. „Und ich dachte, er schläft!"

„Er ist bewußtlos", antwortete Pedro. „Aber wir kriegen ihn schon wieder hin, keine Angst! Los, halt dein Messer ins Feuer!"

Manuel wunderte sich. „Mein Messer? Wieso denn? Ich denke, du willst ihn verkaufen?"

„Will ich ja auch, du Blödmann!"

„Warum brauchst du dann das Messer?" fragte Manuel.

Pedro verlor die Geduld. Sein Partner war etwas schwer von Begriff, aber er hatte sich noch immer nicht an diese Tatsache gewöhnt. „Ich will seine Wunde ausbrennen, du verdammter Idiot!" schrie er. „Und jetzt beeil' dich, sonst stirbt er uns noch unter den Händen weg!"

Manuel zog schnell sein Messer aus dem Gürtel und hielt es in die Flammen, die Jimmy entzündet hatte. Pedro band das Bein des Jungen ab und steckte ihm ein Stück Holz zwischen die Zähne. Der Schmerz würde ihn aus der tiefsten Bewußtlosigkeit zurückholen, und er sollte sich nicht die Zunge abbeißen.

„Bist du soweit?" fragte Pedro ungeduldig.

Manuel reichte ihm das Messer mit der heißen Klinge. „Ich weiß nicht", sagte er, „ob das richtig ist, was wir da machen! Wir sollten lieber einen Arzt fragen!"

„Quatsch!" meinte Pedro. Er hielt die glühende Klinge gegen die Bißwunde des Jungen und beobachtete grinsend, wie der Junge sich vor Schmerz aufbäumte. Das Stück Holz zersplitterte zwischen seinen Zähnen.

Manuel bekam Angst. „Er stirbt!" schrie er. „Pedro! Er stirbt!"

Pedro lachte nur. „Unsinn! Es tut ein bißchen weh! Hast du den Verband fertig?"

„Was für'n Verband?"

„Wir müssen die Wunde verbinden, du Anfänger! Oder willst du, daß ihn die Insekten auffressen?"

„Wäre nicht das Schlechteste!" antwortete Manuel grinsend. „Ich konnte die verdammten Nigger noch nie leiden!"

„Haben dich die Weißen besser behandelt?" fragte Pedro scharf.

Manuel zuckte mit den Schultern. Er blickte sich nach allen Seiten um und entschloß sich dann, ein Stück Stoff von seiner Hose abzureißen. Er reichte es Pedro.

„Nicht besonders sauber, aber es muß gehen!" sagte er.

Jimmy spürte nicht, wie ihn der Spanier verband. Er merkte auch nicht, daß ihn die beiden in ihr Kanu hoben und mit ihm flußaufwärts davonfuhren. Seine Bewußtlosigkeit war nur einmal durch glühenden Schmerz unterbrochen gewesen, und er war von einem bösen Traum in den anderen gestoßen worden. Er träumte wieder von seinen Eltern, wie sie unter den Schüssen der weißen Aufseher zusammenbrachen. Und dann von einem großen Feuer, das sich immer weiter ausbreitete und alles verschlang, was eine schwarze Haut trug. Es waren quälende Träume, und er wälzte sich unruhig auf dem Boden des Kanus herum.

„Meinst du, er kommt durch?" fragte Manuel. Er sprach langsam und eintönig wie ein Automat.

Pedro tauchte das Paddel ins Wasser und nickte. „Diese Nigger haben ein zähes Leben! So schnell beißen die nicht ins Gras! Sind wie Katzen, diese Schwarzen!"

Nach einer Fahrt von zwei Stunden erreichten die beiden einen großen See. Am anderen Ufer floß das Wasser in mehrere Flüsse und Bäche, und Pedro lenkte das Boot in einen der schmalen Kanäle, der sich wie ein tiefer Graben durch den Sumpf schlängelte. Auf dem Wasser tanzten kleine Krebse, und Wolken von Moskitos schwebten in der Luft. Die beiden Spanier machten sich durch laute Flüche Luft und waren froh, als sie endliche eine Lichtung erreichten. Hier war der Boden fester, und hüfthohes Mariscus-Gras wogte im Wind.

Jimmy stöhnte leise, als Pedro die Fahrt verlangsamte und auf ein riesiges verfallenes Gebäude zusteuerte. Vom Ufer aus führte ein ehemals breiter Weg zum Eingang, der jetzt von Schlingpflanzen und Gras überwuchert war. Der Verputz an den kantigen Säulen und den Wänden war abgeblättert und gab dem Haus ein häßliches und abstoßendes Aussehen. Das Dach war eingefallen, und vor dem Eingang lagen Glasscherben und Steine. Es stank nach Abfall und verbranntem Laub.

Als Pedro und Manuel das Kanu ans Ufer gezogen hatten und mit dem Jungen auf den Eingang zugingen, schob sich ein Gewehrlauf aus einem der eingeschlagenen Fenster. „He! Wer kommt da?" rief eine krächzende Stimme.

„Wir sind's, Don!" rief Pedro. „Pedro und Manuel!"

„Ah . . . Pedro", kam die Antwort. „Kommt rein! Wir wollen feiern! Conchita hat Wein und Zigarren aus dem Dorf mitgebracht! Habt ihr was geschossen?"

„Hm, nein", antwortete Pedro zögernd. „Das Wild scheint mit den Indios nach Süden zu fliehen!"

„Na, macht nichts! Ich hab' zwei Leguane gefangen!" Manuel und Pedro hatten inzwischen das Haus erreicht, und der Don deutete verwundert auf den bewußtlosen Jungen in Pedros Arm. „Wer ist das denn?"

Pedro schluckte verlegen. Er hatte Angst vor dem alten Don. Er war schon sehr alt und benahm sich oft ein wenig eigenwillig. Außerdem sah und hörte er schlecht und war deshalb oft gereizt.

„Ein Negerbengel!" lispelte er nach einer Weile. „Wir haben ihn auf der Sandbank gefunden. Ich dachte . . ."

„Wer hat dir gesagt, daß du denken sollst?" explodierte der Alte und schüttelte drohend seinen Krückstock. Seine Stimme hallte in der riesigen leeren Empfangshalle wie in einer Kirche. „Das Denken besorge ich, merk dir das!"

„Er ist verletzt! Eine Schlange hat ihn gebissen!"

„So, eine Schlange hat ihn gebissen!" schrie der Alte unter einem seltsamen Kichern. „Und ihr hattet natürlich nichts Besseres zu tun, als ihn zu verarzten, was?"

96

Pedro war bleich geworden. Er hatte immer noch Angst vor dem alten Mann, obwohl der Don seit dem Überfall der Weißen und dem Tod seiner Familie nicht mehr ganz richtig im Kopf war. Aber er war nicht so einfältig wie Manuel und hatte öfter lichte Momente, in denen er den anderen seine Überlegenheit bewies. Er war fast zwei Jahrzehnte lang der Herr des ehemals prächtigen Landsitzes gewesen, und die Leute im Umkreis von vielen Meilen hatten ihn als mächtigen, aber gerechten Herrn respektiert. So etwas ließ sich nicht von heute auf morgen verwischen, und Pedro, ein ehemaliger Leibwächter des Don, zeigte auch jetzt noch Unterwürfigkeit und Gehorsam.

„Wir wollen den Bengel verkaufen!" sagte Manuel plötzlich. Es klang reichlich komisch, so wie er es sagte.

„Verkaufen? Was soll der Quatsch?" Der Don war hochrot im Gesicht geworden, wollte sich weiter über das Thema ereifern und stutzte plötzlich. „Verkaufen, sagst du?" meinte er leise. „Du meinst, wir bekommen Geld für ihn?"

Pedro nickte rasch. „Er ist ein Nigger, Don!" sagte er begeistert. „Die Weißen zahlen eine Menge Geld für die Schwarzen! Hast du das vergessen?"

Don Alvarez stieß seinen Krückstock auf den Boden. „Wie könnte ich so etwas vergessen, du Dummkopf?" erwiderte er entrüstet. „Bringt ihn in den Keller! Und schließt gut ab, habt ihr verstanden?"

„Aber er ist verletzt!" sagte Manuel einfältig.

„Ihr sollt ihn nach unten bringen!" schrie Don Alvarez. „Und dann kommt ins Wohnzimmer, Conchita wird bald mit den Leguanen fertig sein."

„Ich bin fertig, Don!" Conchita Perez war unbemerkt in der Tür zum Wohnzimmer erschienen. Sie war eine junge Frau mit langen schwarzen Haaren und olivfarbener Haut. Sie trug ein einfaches Baumwollkleid, das von einem geknoteten Stoffetzen zusammengehalten wurde. „Und der Junge bleibt oben, sonst könnt ihr euch eine neue Köchin suchen! Und die Sachen aus dem Dorf kann auch jemand anders holen!"

Conchita war der einzige Mensch in dem verfallenen Haus, der keine Angst vor dem Don hatte. Er war ein entfernter Onkel von ihr, und sie hatte als Küchengehilfin auf dem Gut gearbeitet. Jetzt kochte und versorgte sie die drei Männer und war auch die einzige, die sich in das zehn Meilen entfernte Dorf wagen konnte. Die Gesichter der Männer waren bekannt, und die Weißen hätten sie sofort erschossen.

Manchmal fragte sich die junge Spanierin, warum sie immer noch bei dem Don und Manuel und Pedro blieb. Vor einigen Jahren waren sie respektierte und gute Männer gewesen, aber jetzt verdienten sie ihr Geld durch Raubüberfälle und Morde und dunkle Geschäfte wie den geplanten Verkauf des Sklavenjungen. Außerdem hatten sie den Verstand verloren, und Manuel bedrängte sie ständig, ihn zu heiraten. Keine vernünftige Frau hätte es länger als einen Tag auf dem Gut ausgehalten, aber Don Alvarez hatte vor einigen Jahren ihre verarmten Eltern aufgenommen, und sie fühlte sich ihm gegenüber zu Dank verpflichtet. „Und jetzt kommt ins Wohnzimmer!" sagte sie freundlich, aber bestimmt. Sie wußte inzwischen, wie sie die Männer zu behandeln hatte. „Der Tisch ist gedeckt!"

Don Alvarez folgte dem Mädchen ohne Widerrede ins Wohnzimmer. Auch hier blätterte der Putz von den Wänden, und nur das Ölgemälde über der Tür erinnerte an die einstige Pracht. Der Kronleuchter war vor einigen Tagen von der Decke gefallen, und die Scherben lagen noch immer im ganzen Zimmer verstreut herum. Conchita war schwach und schaffte die Arbeit schon lange nicht mehr. Früher waren viele Dienstboten damit beschäftigt gewesen.

„Legt den Bengel dort auf den Boden!" sagte der Don zu Manuel und Pedro. Seine Stimme klang jetzt ganz normal und ruhig, und er schien einen seiner hellen Augenblicke zu haben. „Und deckt ihn gut zu! Sonst stirbt er uns noch vor der Nase weg!" Er setzte sich auf seinen Platz am Kopfende des staubigen Tisches und zündete eine Kerze an. „Wo bleibt der Wein, Conchita?"

„Sofort, Don Alvarez!" antwortete das Mädchen und verschwand eilig aus dem Raum. Es war gespenstisch, ihren anmutigen Bewegungen in dem schmutzigen und verfallenen Raum zuzusehen. Wie sie aus dem Keller zurückkehrte, in ihrem schmutzigen und verschwitzten Leinenkleid vor dem Don stehenblieb und ihm das Etikett der Flasche zeigte, die sie mit gestohlenem Geld aus dem Dorf gekauft hatte. „Direkt aus Europa", sagte sie. „Der Händler hat eine ganze Wagenladung aus St. Augustine mitgebracht."

„Gut", erwiderte Don Alvarez, „sehr gut!" Er kostete den Wein und nickte zufrieden. „Ein guter Tropfen!"

Conchita schenkte die Gläser voll und gab jedem ein Stück von dem Fleisch. Leguane sind häßliche Tiere und sehen wie kleine Saurier aus, aber ihr Fleisch ist zart und fein und schmeckt köstlich. Die Spanier langten kräftig zu und ließen nur noch Knochen übrig. Pedro rülpste laut, rieb sich über den vollen Bauch und lehnte sich zufrieden zurück. „Caramba! Hatte ich einen Hunger!" sagte er und nahm einen kräftigen Schluck von dem Wein. Er zeigte auf den Jungen. „Was meint ihr?" fragte er. „Was bringt der Bengel?"

Don Alvarez griff zitternd nach der Flasche und schenkte sich Wein nach. „Keine Ahnung", sagte er. „Aber sicher genug für ein weiteres Dutzend Flaschen!" Er hielt das für einen guten Witz und lachte schallend.

„Wo wollt ihr den Burschen denn verkaufen?" fragte Manuel lallend. Er vertrug keinen Alkohol und war meistens schon nach einem oder zwei Gläsern betrunken. „Die . . . die kennen uns doch überall . . . die werden uns . . . abknallen . . . abknallen werden die verdammten Kerle uns . . ."

Pedro kicherte. Der Wein war sehr stark und zeigte auch schon bei ihm Wirkung. „Quatsch!" lispelte er. „Wir geben ihn Conchita mit, die wird ihn schon losbringen!"

„Einen Teufel werde ich!" antwortete das Mädchen. „Verschachert ihn irgendwo im Süden, da kennt euch niemand! Aber laßt mich aus dem Spiel!" Ihre Augen blitzten.

„Schon gut, Schwester!" beruhigte Pedro das Mädchen kichernd. „Ich würde dich sowieso nicht allein mit dem Bengel lassen! Am Ende brennst du noch mit ihm durch!"

Conchita warf ihre Haare zurück. „Das wäre keine

schlechte Idee!" sagte sie scharf. „Bei euch halte ich es sowieso nicht mehr lange aus! Und jetzt entschuldigt mich!" Sie schob ihren Stuhl zurück und erhob sich. „Ich bin müde!"

Manuel verdrehte die Augen. „Bleib doch noch ein bißchen, Conchita! Bleib und tanz mit uns!"

Conchita wandte sich angewidert ab. Sie versuchte, Verständnis für die Männer zu zeigen. Sie hatten ihre Heimat verloren und ihre Familien und hatten nicht einmal mehr Träume, an die sie sich klammern konnten. Aber hatte sie nicht auch ihre Eltern verloren? War es den Indianern und Negern nicht ebenso ergangen? Flüchteten die sich etwa in Alkohol? Conchita wandte sich ab und ging zur Tür. Bevor sie den Raum verließ, um in ihr Schlafzimmer zu gehen, beugte sie sich noch einmal über den schlafenden Negerjungen, der regungslos in seinen Decken lag.

„Wie geht es dir?" fragte sie Jimmy mit leiser Stimme, obwohl sie wußte, daß er sie nicht verstehen konnte. „Schon besser?" Sie lächelte sanft und kümmerte sich nicht um den Lärm, den die betrunkenen Männer hinter ihr veranstalteten. „Hab keine Angst!" sagte sie. „Ich werde mich um dich kümmern!" Sie streichelte den Jungen, wischte ihm den Schweiß von der Stirn und ging dann aus dem Zimmer. Sie hatte erst daran gedacht, den Jungen mit in ihr Schlafzimmer zu nehmen, aber sie wagte nicht, den betrunkenen Don danach zu fragen.

„Was sagt ihr nun?" rief Don Alvarez mit heiserer Stimme. „Habe ich euch eine ordentliche Feier versprochen, oder nicht?"

102

„Eine . . eine tolle Feier!" brachte Manuel mühsam hervor. Er konnte sich kaum noch gerade halten. „Aber ich
habe . . . ich habe noch so Hunger . . ."

„Freßsack!" meinte Pedro.

„Ihr hättet ja . . . ja was schießen können!" erwiderte Don
Alvarez mit schwerer Zunge. „Aber . . . ihr seid zu dumm
dazu . . . wahrscheinlich . . . habt ihr das Schießen ver-
lernt . . ."

Pedro kicherte. „Sag das nicht", meinte er schwer atmend.
Er erhob sich von seinem Stuhl und blieb schwankend stehen.
„Sag das nicht, alter Mann!" Er torkelte zur Wand und griff
nach seinem Gewehr, das er dagegengelehnt hatte. Seine
Hände gehorchten ihm nur zögernd, und es dauerte eine
ganze Weile, bis er es in den Händen hielt.

„Was hast . . . hast du vor?" fragte Manuel einfältig.

Pedro lachte laut. „Ich . . . ich will dir'n bißchen Bewegung verschaffen!" lispelte er. Er drückte den Stecher durch,
und das Gewehr entlud sich krachend. Die Kugel schlug dicht
neben Manuels rechter Hand in die Tischplatte ein und riß
Splitter aus dem Holz. Beißender Pulverrauch hing in der
Luft.

„He . . . he . . . was soll das?" rief Manuel entsetzt. „Was
soll . . . der verdammte Unsinn? Willst . . . du mich um-
bringen oder was?"

Pedro grölte vor Vergnügen. „Wäre keine schlechte Idee,
du alter Versager! Ich . . . ich habe dich schon 'ne ganze
Weile auf . . . dem Kieker . . . du fällst mir auf die Nerven . . ." Pedro versuchte verzweifelt, sein Gewehr neu zu

laden, kam aber mit dem Ladestock nicht zurecht. „Verdammtes Spiel!" brummte er.

Manuel war rot vor Wut. Er schwankte wie ein angeschlagener Boxer auf Pedro zu, aber der stolperte im selben Augenblick zur Seite, und Manuel lief ins Leere. Er stieß mit dem Kopf gegen die Wand und rutschte benommen zu Boden.

„Eine tolle Feier!" schrie Pedro. Er warf sein Gewehr zu Boden und griff nach der kostbaren Schüssel mit den Leguanknochen. Das teure Porzellan des Dons war seltsamerweise bei dem Überfall der weißen Siedler nicht zu Schaden gekommen.

„Nicht!" rief Don Alvarez. „Caramba! Laß die Schüssel stehen! Sie hat meiner Mutter gehört!"

„Halleluja!" rief Pedro. Die Schüssel krachte zu Boden, und Scherben flogen nach allen Seiten. Pedro griff nach seinem Glas und trank es leer. „Was sagst du nun?" lallte er.

Don Alvarez kam keuchend von seinem Stuhl hoch. Sein Gesicht war hochrot, und er atmete schwer. „Du . . . du verdammter Hund . . .", keuchte er. Dann begann er plötzlich zu lachen. Erst leise und dann immer lauter und hysterischer. Pedro fiel in sein Lachen ein, und sie umarmten sich und griffen nach neuen Weinflaschen. „Halleluja!" riefen beide immer wieder. „Halleluja! Es lebe die spanische Krone!"

Pedro hob seine Flasche. „Nieder mit den Amerikanern!" brüllte er. „Nieder mit den elenden Mördern und Brandstiftern und ihren Verbündeten!" Er trank die halbe Flasche in einem Zug aus und torkelte mit Don Alvarez zur Tür, ohne den immer noch bewußtlosen, aber unruhig stöhnenden Jun-

gen zu beachten. „Komm, wir wollen Conchita besuchen!"
sagte Pedro. „Sie wartet bestimmt schon auf uns!" Er kicherte wieder und torkelte mit dem Don zur Treppe.

„Meinst du, wir schaffen es?" lallte Don Alvarez und deutete mit der Flasche auf die steil ansteigende Treppe.

„Klar!" antwortete Pedro. Er nahm die erste Stufe, blieb
schwankend auf der zweiten stehen und stürzte zu Boden.
Don Alvarez wurde mit ihm zu Boden gerissen und blieb
schnaufend über Pedro liegen. Sekunden später dröhnte das
Schnarchen der beiden Männer durch die Eingangshalle.

8

Jimmy schlug die Augen auf. Er hatte keine Ahnung, wo er
sich befand und wie viele Tage vergangen waren, seit er eingeschlafen war. Um ihn herum herrschte tiefe Dunkelheit, aber
er spürte, daß er in einem großen Zimmer lag. Ein lauer Wind
wehte durch das offene Fenster, und im schwachen Licht des
Mondes erkannte der Junge, daß die Scheiben des Fensters
zersplittert waren und in dem Zimmer große Unordnung
herrschte. Einer der Männer lag schlafend in einer Ecke. Der
Junge stützte sich auf einen Ellbogen und griff sich an den
Kopf. Sein ganzer Körper schmerzte, aber er konnte erstaunlich klar denken und sehen. Die Wasserschlange, jetzt fiel es
ihm wieder ein. Das verflixte Biest hatte ihn gebissen, und er
war von irgend jemandem in dieses Haus gebracht worden.
Er wußte nicht, ob es freundliche oder böse Menschen gewe-

sen waren, aber sie hatten ihn nicht gefesselt, und er lebte noch.

Jimmy blickte sich um. Seine Augen hatten sich an die Dunkelheit gewöhnt, er konnte die vielen leeren Weinflaschen erkennen und sich erinnern, das Lärmen von Männern und auch einen Schuß gehört zu haben. Und da war auch eine Frau gewesen, eine junge Frau mit langen schwarzen Haaren. Er war aus seiner Bewußtlosigkeit erwacht und hatte sie gesehen, als sie sich über ihn gebeugt hatte. Danach war er gleich wieder eingeschlafen.

Jimmy befühlte sein Bein. Es tat weh, aber der Schmerz war zu ertragen, und er versuchte aufzustehen. Beim ersten Versuch fiel er zurück und mußte einige Minuten liegenbleiben, um neue Kräfte zu sammeln. Er war schwach und verspürte plötzlich ein starkes Hungergefühl. Vielleicht fand er die Küche. Dort gab es bestimmt etwas zu essen. Der Gedanke beflügelte ihn, und er stemmte sich mit aller Kraft vom Boden weg und blieb gegen die Wand gelehnt stehen. Er schwitzte, und das Fieber machte sich in kalten Schauern bemerkbar.

Er lauschte. Es war still in dem Haus, und das Rauschen des Windes war das einzige Geräusch. Wo mochte die Küche sein? Das Haus schien riesig zu sein, ein ehemaliges Herrenhaus, wie er vermutete. Er erinnerte sich daran, daß die Männer spanisch gesprochen hatten, also handelte es sich um ein Gut, das wahrscheinlich von weißen Siedlern zerstört worden war. Aber er kannte sich in einem spanischen Haus nicht aus, und es würde sehr schwer sein, sich im Dunkeln zurechtzufinden.

Jimmy beschloß, es trotzdem zu versuchen. Sein Hunger war größer als die Angst, von den Spaniern entdeckt zu werden. Und er wußte ja gar nicht, ob sie ihm etwas tun wollten. Vielleicht gaben sie ihm Vorräte und ein Pferd und schickten ihn zu den Seminolen zurück. Aber Jimmy glaubte nicht ganz daran. Er war mißtrauisch und hatte in seinem jungen Leben zu viel Schlechtes erfahren, um noch an das Gute zu glauben.

Er sammelte seine Kraft und setzte langsam einen Fuß vor den anderen. Schwindelgefühl überkam ihn, aber er kämpfte dagegen an und kam gut voran. Langsam gewöhnte er sich auch an den drückenden Schmerz, der immer dann in ein Stechen überging, wenn er das verwundete Bein belastete. Er stützte sich gegen den Türrahmen, holte tief Luft und trat in die große Eingangshalle. Plötzlich hörte er ein Geräusch. Zwei Männer schnarchten ganz in seiner Nähe, und er blieb ruhig stehen.

Jimmy wagte kaum zu atmen. Der Mond schien hinter einer Wolke verschwunden zu sein, und es fiel kaum Licht durch die offene Eingangstür herein. Einen Augenblick dachte Jimmy daran, einfach nach draußen zu gehen und zu verschwinden, aber er verwarf den Gedanken wieder. Er hätte keine Chance gehabt, mit seinem wehen Bein durch den Sumpf zu kommen. Er wußte nicht einmal, wo er war und noch viel weniger, welchen Weg er zum Fort einschlagen mußte. Selbst wenn er ein Pferd oder ein Kanu fand, würde er nicht weit kommen.

Das Schnarchen war laut und regelmäßig, und eine Wolke von Alkohol wehte Jimmy entgegen. Der Geruch trieb Übelkeit in dem Jungen hoch, gab ihm aber auch ein Gefühl der Sicherheit. Wenn die Männer betrunken waren, würden sie bestimmt nicht so schnell aufwachen und ihn entdecken. Er wagte sogar, dicht an den Männern vorbeizuschleichen, bis er gegen eine Treppe stieß und sich erschrocken am Geländer festhielt. Beinahe wäre er hingefallen, und er brauchte einige Zeit, um sich von dem Schrecken zu erholen und neue Kraft zu sammeln.

Einer plötzlichen Eingebung folgend stieg er die Treppe hoch. Die Stufen waren aus Stein, und er brauchte keine Angst zu haben, daß sie knarrten. Aber sie waren alt und verfallen, und er konnte auf losen Steinen ausrutschen und in die Tiefe stürzen. Er bewegte sich langsam und vorsichtig, bis er den ersten Stock erreicht hatte, wo er sich prüfend nach allen Seiten umsah.

Vor ihm lag ein langer Gang, zu dessen Seiten mehrere Türen abgingen. Am Ende des Ganges brannte eine Kerze und verbreitete gespenstisches Licht. Jimmy erschauderte, und auch der Schmerz in seinem Bein wurde wieder schlimmer, aber er ging weiter und sah in den ersten Raum hinein. Die Tür hing in den Angeln und gab den Blick in ein verfallenes Zimmer frei, das leer war und nur einigen Vögeln als Nistplatz zu dienen schien.

Vor dem nächsten Zimmer hielt Jimmy unwillkürlich den Atem an. Es hatte überhaupt keine Tür, und er sah ein riesiges Bett, auf dem die junge Frau schlief, die er irgendwann während seiner Bewußtlosigkeit gesehen hatte. Das bleiche Mondlicht fiel auf ihr Gesicht und gab ihr ein geisterhaftes und lebloses Aussehen. Aber sie atmete regelmäßig und bewegte sich nur einmal im Schlaf, als Jimmy das Zimmer betrat. Er hatte sich daran erinnert, daß die Frau sehr freundlich zu ihm gewesen war, und er wollte sie um Hilfe und um etwas zu essen bitten. Er wußte natürlich, daß es sich nicht gehörte, eine so schöne Frau aus dem Schlaf zu reißen, aber sein Hunger und seine Hilflosigkeit waren zu groß.

Als Jimmy vor ihr Bett trat, fuhr Conchita kerzengerade aus dem Bett hoch. Sie wollte schreien und schlug sich gerade noch rechtzeitig eine Hand vor den Mund, als sie den Jungen erkannte. „Junge!" sagte sie leise. „Was tust du hier?"

Jimmy schluckte. „Ich bin aufgewacht", sagte er. „Ich habe Hunger!" Er lehnte sich gegen den Bettpfosten und rieb sein wehes Bein. „Wo bin ich hier?" fragte er.

„In Sicherheit!" sagte Conchita schnell. Sie fühlte Mitleid mit dem Jungen und entschloß sich plötzlich, ihn wegzubringen. Don Alvarez durfte ihn nicht an die Weißen verkaufen. „Komm, setz dich zu mir aufs Bett!" sagte sie leise. „Dein Bein tut sicher sehr weh!"

„Es geht", antwortete der Junge, der Zutrauen zu der Frau faßte.

„Wie heißt du?"

„Conchita", antwortete sie lächelnd. „Und du?"

„Jimmy." Der Junge wurde ernst und deutete zur Tür. „Wo sind wir hier?" fragte er wieder. „Und was sind das für Männer? Warum liegen sie auf dem Boden und schnarchen?"

Die Spanierin gab keine Antwort. „Du brauchst keine Angst zu haben!" sagte sie statt dessen. „Ich werde auf dich aufpassen! Warte hier, ich hole dir was zu essen!"

Jimmy hielt sie zurück. „Sie haben getrunken, nicht wahr?" sagte er ernst.

„Sie haben gefeiert!" antwortete Conchita. Sie versuchte ein Lächeln, was ihr nicht ganz gelang. „Sie feiern oft, weißt du? Wir leben hier ganz allein!"

Der Junge schüttelte verwundert den Kopf. „Aber das Haus hier ist zerstört!" meinte er. „Alles ist unordentlich! Ihr habt doch keinen Grund zum Feiern?"

Conchita entschloß sich, dem Jungen die Wahrheit zu erzählen. „Die Weißen haben das Haus überfallen!" sagte sie leise. „Sie haben die Frauen und Kinder der Männer umgebracht und alles in Brand gesteckt!" Sie seufzte, als sie daran zurückdachte. „Die Männer versuchen zu vergessen, Jimmy! Der Alkohol lindert ihre Schmerzen . . ."

Es entstand eine Pause. Nur die nächtlichen Geräusche des Dschungels und das Rauschen des Windes drangen von draußen herein.

„Ich habe auch meine Eltern verloren!" sagte Jimmy, als die Stille unerträglich wurde. „Ich habe gesehen, wie die weißen Aufseher sie erschossen haben! Muß ich jetzt auch Alkohol trinken? Hilft das wirklich?"

Conchita wußte nicht, was sie darauf antworten sollte. „Ich . . . ich . . .", stammelte sie, als plötzlich leise Stimmen von draußen hereindrangen.

Auch Jimmy erschrak. „Wer ist das?" flüsterte er.

Conchita legte ihren Finger auf seinen Mund. „Pscht!" sagte sie leise. Sie stieg vorsichtig aus dem Bett und schlich zum Fenster. Jimmy duckte sich neben sie auf den Boden.

Die Stimmen waren deutlich zu hören, und der Junge erkannte, daß mindestens ein halbes Dutzend Männer vor dem Haus sein mußten. Wahrscheinlich Weiße, denn sie sprachen Englisch ohne Akzent.

„Und ich sage dir, sie sind im Haus!" sagte gerade einer. „Es sind mindestens drei!"

„Ich weiß nicht!" meldete sich ein anderer. „Ich glaube, wir jagen Gespenstern nach!"

„Und das Mädchen? War die vielleicht ein Gespenst?"

„Sie braucht nicht zu den Männern zu gehören! Vielleicht lebt sie mit ihrem Großvater oder irgendwelchen Indianern im Sumpf! Vielleicht hat sie die Vorräte für die Seminolen gekauft!"

Der andere lachte leise. „Seit wann trinken Indianer europäischen Wein, he? Ich sage dir, sie gehört zu den Männern, die uns damals entkommen sind!"

„Es kann jedenfalls nichts schaden, wenn wir die Bude anzünden!" meinte wieder ein anderer. „Vielleicht sind sie drin, vielleicht auch nicht! Um das Haus ist es jedenfalls nicht schade!"

„In Ordnung", sagte eine dunkle Stimme. „Aber laßt das Mädchen am Leben! Ich will sie für mich haben! Habt ihr verstanden?"

„Natürlich, Boß!"

Conchita griff sich an die Kehle. „*Santa Madre de Dios!*" stöhnte sie. „Das sind die Männer aus dem Dorf! Sie haben herausbekommen, daß wir uns hier verstecken!"

Jimmy faßte sie am Arm. „Schnell!" flüsterte er. „Sie wollen das Haus anzünden! Wir müssen hier weg!"

Conchita war von einer plötzlichen Panik gelähmt. „Was sagst du?" fragte sie mit zitternder Stimme. Dann kamen ihr die Worte des Jungen zu Bewußtsein, und sie begann zu schluchzen. „Das Haus anzünden, sagst du?" fragte sie ungläubig. „Haben sie noch nicht genug? Müssen sie uns auch noch das letzte nehmen, was uns geblieben ist?"

Jimmy zerrte sie vom Fenster weg. „Komm!" sagte er eindringlich. „Wir müssen raus hier!"

Der barsche Ton des Jungen brachte Conchita zur Vernunft. Sie erwachte aus ihrer Erstarrung. „Du hast recht!" sagte sie leise. „Wir müssen die Männer wecken! Komm!" Sie nahm den Jungen bei der Hand, und sie schlichen zur Tür und in den Gang hinaus. Die Angst hatte Jimmys Schmerzen und die Furcht vor den betrunkenen Männern vollkommen verdrängt.

„Im Stall ist ein Pferd!" sagte Conchita, als sie die Treppe hinunterstolperten. Die Männer draußen mußten sie längst gehört haben, aber das machte ihnen nichts aus. „Reite immer nach Norden, dann kommst du auf die Militärstraße! Von dort findest du allein weiter!"

„Kommst du nicht mit?" fragte Jimmy keuchend.

Conchita antwortete nicht. Sie war wieder von Panik erfüllt, die jedes klare Denken unmöglich machte und sie rein instinktiv handeln ließ. „Wacht auf!" schrie sie die schnarchenden Männer an. „Wacht auf, verdammt! Die Weißen sind da!"

Don Alvarez und Pedro antworteten mit einem lauten Schnarchen. Sie wälzten sich von einer Seite auf die andere und antworteten auch nicht, als Conchita sie schüttelte und rüttelte und sie immer wieder anschrie.

Jimmy blickte ängstlich zur Tür. Die weißen Männer mußten sie längst gehört haben und konnten jeden Augenblick in der Tür erscheinen. Conchita und er würden ihnen schutzlos ausgeliefert sein. Allein konnten sie gegen die Männer nichts ausrichten, und die Spanier waren viel zu betrunken, um ihnen zu helfen. Conchita würde sie bestimmt nicht wach bekommen.

Aber sie gab nicht auf. „Don Alvarez!" schrie sie. „Don Alverez! Pedro! Zum Teufel! Wacht endlich auf!"

Im selben Augenblick waren draußen Schüsse zu hören, und aus dem Nebenzimmer war das Knistern von Flammen zu hören. Die Angreifer hatten die Reste des Hauses in Brand gesteckt.

„Kommt raus, ihr Ratten!" schallte eine Stimme von draußen herein. „Wir wissen, daß ihr da drin seid!"

Conchita fuhr zusammen und drehte sich zu dem Jungen um. „Du mußt hier weg, Jimmy!" sagte sie. Aus dem Nebenzimmer zogen bereits Rauchschwaden herein, und sie mußte husten. „Schnell! Durch den Keller zum Stall! Nimm das Pferd und reite so schnell du kannst davon!"

Der Junge zögerte. „Aber die Männer!" rief er ängstlich. „Uns was machst du? Sie werden dir weh tun!"

„Denk jetzt nicht an uns! Lauf, Junge!"

„Ich kann nicht!" Jimmy sank zu Boden und begann, hemmungslos zu weinen. „Ich kann einfach nicht!"

Conchita kam zu ihm und schüttelte ihn an den Schultern. „Du mußt, Jimmy! Du mußt! Tu's mir zuliebe!"

„Sie werden euch töten!" rief Jimmy schluchzend.

„Unsinn! Mit den verdammten Kerlen da draußen werde ich schon fertig!" erwiderte Conchita. Der Rauch zog jetzt in dichten Wolken durch das Haus, und sie bekam kaum noch Luft. „Und jetzt verschwinde! Hau endlich ab!"

Der barsche Ton brachte den Jungen in die Wirklichkeit zurück. Er rannte zur Kellertür, die lose in den Angeln hing, schob sie beiseite und rannte in den dunklen Gang hinein. Nach einigen Metern kam er an eine steile Treppe, die zuerst nach unten und dann wieder nach oben führte und im Stall herauskam. Jimmy blieb einige Sekunden lang stehen, um zu verschnaufen. Die Tür zum Stall stand offen, aber die weißen Männer waren nicht zu stehen, und das Pferd stand immer noch in seiner Box. Es war ein untersetzter Schecke, der nervös schnaubte, als sich Jimmy ihm näherte.

„Keine Angst!" sagte Jimmy. Er atmete heftig, aber er spürte keine Schmerzen in seinem Bein, und auch das Fieber schien verflogen zu sein. Er ging langsam auf den Schecken zu und strich ihm sanft über die Nüstern. „Keine Angst, mein Freund!" sagte er. „Wir machen einen kleinen Ausritt!"

Jimmy wußte selbst nicht, woher er die Kraft nahm, um sich auf den Rücken des Pferdes zu ziehen. In der Ecke der Box lag ein Sattel, aber es würde zu lange dauern, bis er das Pferd gesattelt hatte. Jimmy duckte sich tief auf den Hals des Schecken und lenkte ihn vorsichtig zur Tür. Das Haus lag links von ihm hinter einigen Bäumen, und er sah dichte Qualmwolken durch das Laub ziehen. Aus einem Fenster loderten Flammen. Die weißen Männer konnte Jimmy nicht sehen.

Plötzlich ertönten Schüsse. Ein Mann schrie auf, und Jimmy glaubte, Don Alvarez' Stimme erkannt zu haben. Dann wieder Schüsse und ein langgezogener Schrei, der dem Jungen trotz der Hitze, die von dem Feuer ausging, einen kalten Schauer über den Rücken jagte. Jimmy zögerte erneut. Er blickte nach Norden in das Grau des heraufziehenden Tages. Dort hinter den Wäldern verlief die Straße zum Fort, wo seine Schwester gefangengehalten wurde. Sie wartete auf ihn und hoffte auf ihre Rettung, und er durfte sie nicht enttäuschen. Aber er konnte auch Conchita nicht einfach im Stich lassen.

Er biß die Zähne zusammen und wollte gerade mit einem wütenden Aufschrei zum Haus reiten, als das Mädchen mit wehenden Haaren aus einem Fenster sprang. Ein Fetzen ihres Kleides brannte, aber sie rollte durch das nasse Gras vor dem Haus und erstickte die Flammen. Schüsse peitschten durch die Nacht, und Kugeln schlugen neben Conchita in den weichen Sandboden. „Nein!" schrie sie immer wieder. „Laßt mich leben!"

Aber die weißen Angreifer hatten gar nicht die Absicht, Conchita zu erschießen. Sie wollten ihr nur ein bißchen Angst machen und sie dann lebend in ihre Hände bekommen. Jimmy hörte ihr Lachen und ihr Grölen, das ihn an die nächtlichen Feiern von Barnes und seinen Aufsehern erinnerte. Er sah, wie Conchita vorwärts stolperte, immer wieder zu Boden fiel und schließlich weinend liegenblieb.

„Hierher!" schrie Jimmy. „Conchita! Hierher!"

Das Mädchen hob den Kopf. Sie erkannte den Jungen, schüttelte ungläubig den Kopf und kam vom Boden hoch. Sie

mobilisierte ihre letzten Kräfte und rannte durch das hüfthohe Gras auf den Jungen zu. Wieder krachten Schüsse, aber
diesmal kamen die Kugeln gezielt, und das höhnische Lachen
machte einem wütenden und zornigen Fluchen Platz.

Wie durch ein Wunder entging Conchita den Kugeln. Das
hohe Gras schützte sie gegen die Blicke der Angreifer. Jimmy
ritt ihr ein Stück entgegen und half ihr auf den Rücken des
Pferdes. Zusammen preschten sie davon. „Die Männer sind
tot!" schluchzte sie, als sie im Wald untertauchten. „Sie haben alle erschossen, diese Hunde!"

Jimmy blickte sich nicht um. „Halte dich fest!" schrie er.
Er duckte sich tief auf den Hals des Pferdes, das in vollem Ga-
lopp durch das Unterholz preschte. Zweige schlugen in sein
Gesicht und rissen blutige Schrammen in seine Haut, aber er
spürte es kaum. Conchita hatte beide Arme um seinen Körper
geschlungen. „Lauf!" feuerte er den Schecken an. „Lauf
doch!" Er schaute sich nicht nach den weißen Männern um,
wußte nicht einmal, ob sie ihn und das Mädchen verfolgten.
Er trieb das Pferd bis zur Erschöpfung und griff ihm erst in
die Zügel, als sie die Militärstraße erreichten. Er rutschte vom
Rücken des Tieres und blieb keuchend im Gras liegen.

Conchita fiel neben ihn. „Wir haben es geschafft!" sagte
sie, nachdem sie eine Weile gelauscht hatte. Sie schenkte dem
Jungen ein dankbares Lächeln. Dann stieg sie zu dem Bach
hinab, der neben der Straße floß. „Ich glaube, wir haben uns
einen kühlen Schluck verdient", sagte sie.

9

General Thomas Jesup war ein hochgewachsener Mann mit einem kantigen Gesicht und wasserblauen Augen. Er saß in seinem Büro, die Füße auf dem Schreibtisch, und starrte auf den Kalender an der Wand. Er zeigte den 21. Oktober 1837. „Wie lange geht das nun schon mit diesen Seminolen?" fragte er.

Captain Thompson hob die Schultern und zog eine dünne Zigarre aus der Brusttasche seiner Paradeuniform. „Ein paar Jahre", meinte er gleichgültig. Er ging zum Kamin, nahm einen Span aus dem Feuer und zündete seine Zigarre an. Die kleine Flamme erleuchtete ein weiches Gesicht mit verschlagenen Augen. „Länger, wenn man den Ärger mit den Creeks dazurechnet!"

Der General nickte mißgelaunt. „Wir sind nicht die einzigen, die sich an diesen Seminolen die Zähne ausgebissen haben! Verdammtes Indianerpack!"

„Diesmal kriegen wir sie, General!"

Jesup wiegte den Kopf. „Ich weiß nicht, Captain! Dieser Osceola ist nicht auf den Kopf gefallen! Was ist, wenn er unsere List durchschaut und seine Krieger mitbringt?"

„Dazu ist er viel zu ehrlich!" antwortete Thompson. Er paffte an seiner Zigarre und lächelte hintergründig. „Osceola ist ein großer Krieger und kann gut reden, wenn's drauf ankommt! Aber er ist viel zu gut und anständig!"

„Und die anderen?" fragte Jesup.

„Coacoochee macht mir einige Sorgen!" gab Captain

Thompson zu. „Er ist ein gefährlicher Bursche und würde die Weißen am liebsten ausrotten! Aber Osceola wird ihn umstimmen!"

„Sind Sie sicher, Captain?"

„Ganz sicher!"

General Jesup verzog das Gesicht. „Ich weiß nicht", sagte er. „Mir gefällt die Sache immer noch nicht . ."

„Gewissensbisse, General?"

„Vielleicht . . . wäre das ein Wunder?"

Der Captain drückte seine Zigarre in den Aschenbecher auf Jesups Schreibtisch. „General", sagte er ruhig, „wir haben es mit Wilden zu tun! Verdammten Wilden, die keine Ehre und kein Gesetz kennen! Warum sollten wir uns an die Spielregeln halten? Sie kennen die Botschaft des Präsidenten . . ."

„Ich kenne sie!" erwiderte Jesup grimmig. „Vielleicht wäre es tatsächlich besser, wenn man uns aus dieser verdammten Gegend abziehen und in ein anderes Territorium versetzen würde . . ."

Thompson schüttelte heftig den Kopf. „So dürfen Sie nicht reden, General! Wenn wir diesen Osceola und seine Bande erst hinter Gittern haben, bekommen wir Orden, und ganz Amerika wird uns als Helden verehren!"

„Vielleicht haben Sie recht!" General Jesup erhob sich und putzte einen seiner goldenen Knöpfe mit dem Ärmel seiner Uniformjacke. „Stehen die Männer bereit?"

„Sie warten in ihren Quartieren, General!" Thompson strahlte.

„Gut! Haben Sie etwas gegen einen Schluck einzuwenden?"

Thompson lächelte. „Keineswegs, General!"

Der General nahm eine Brandyflasche und zwei Gläser aus seinem Schreibtisch. Er wollte gerade einschenken, als es klopfte und sein Adjutant im Zimmer erschien. Der Soldat schlug die Hacken zusammen und salutierte. „Sir?"

„Was gibt's denn, Myers?"

„Osceola und fünf Krieger nähern sich dem Fort! Ich habe gerade von der Torwache Bescheid bekommen!"

„Danke, Myers!" Jesup ließ seinen Adjutanten wegtreten und stellte die Flasche zurück in den Schrank. „Dann verschieben wir unseren Umtrunk eben auf nachher!" Der General spielte nervös mit seinen Handschuhen. „Lassen Sie die Männer antreten, Captain! Flaggenparade und so weiter wie verabredet!"

„In Ordnung, General!" Captain Thompson salutierte grinsend und verschwand nach draußen. Die Sonne brannte vom Himmel herab und ließ die Kalksteinmauern von Fort Peyton in leuchtendem Weiß erscheinen. Ein lauer Wind brachte feuchte Luft von den Sümpfen herüber. Feiner Staub wehte über den Exerzierplatz. Captain Thompson war mit sich und der Welt zufrieden. Es war ihm egal, was aus dem General oder den anderen Soldaten wurde, und es kümmerte ihn erst recht nicht, was aus den verdammten Seminolen wurde. Hauptsache, er bekam seine Beförderung. Dann würde er irgendwo ein angenehmes Leben führen und auf seine Pension warten. Mit einer schönen Frau natürlich, auf die er als Colonel oder General bestimmt nicht lange zu warten brauchte.

„Wie viele sind es?" rief General Jesup, als die Soldaten angetreten waren und schmetternde Trompetenstöße über den Exerzierplatz tönten.

„Sechs!" rief einer der Wächter vom Palisadengang herab. „Osceola und fünf seiner Halsabschneider!"

„Ist Coacoochee dabei?"

„Ich glaube ja", kam die Antwort. „Aber ich kann mich auch irren, General! Die Kerle sehen alle gleich aus!

„Waffen?"

„Keine, Sir! Ich sehe jedenfalls keine!"

„Gut", rief Jesup zurück. „Öffnet das Tor! Und haltet euch an das, was ich euch befohlen habe! Klar!"

„Klar!" kam es aus hundert Kehlen.

„Erst zuschlagen, wenn die Burschen im Fort sind! Laßt sie bis zum Flaggenmast kommen . . ."

Osceola und seine Begleiter ahnten nichts von dem geplanten Verrat. Nur Coacoochee war mißtrauisch wie eh und je und blieb zögernd stehen, als das Fort vor ihnen auftauchte.

„Ich habe kein gutes Gefühl", sagte er. „Ich glaube, daß uns die weißen Männer betrügen wollen! Was geschieht mit unserem Volk, wenn sie uns gefangennehmen?"

Der Häuptling griff nach der weißen Flagge, die ihm Yehowlogee reichte. „Wir kommen mit dem Zeichen des Friedens!" antwortete Osceola. „Selbst die weißen Männer werden die weiße Flagge nicht verraten!"

Coacoochee blickte mißtrauisch zu den geschlossenen Torflügeln von Fort Peyton hinüber. Aber er sagte nichts mehr und folgte seinen Stammesbrüdern, die mit weit aus-

holenden Schritten auf das Fort zugingen. Sein Mißtrauen legte sich etwas, als die Tore aufgestoßen wurden, und er die in Paradeuniform angetretenen Soldaten erkannte.

Osceola lächelte zufrieden. „Die weißen Männer empfangen uns wie Könige!" sagte er. „Sie haben ihre schönsten Kleider angezogen, und ich sehe die Gesichter von Männern, die zum Frieden bereit sind."

Die Seminolen traten durch das Tor in den sonnenüberfluteten Hof des Forts. Das Trompetensignal der weißen Soldaten verstummte, und zwei Männer zogen die amerikanische Flagge am Fahnenmast hinauf. Selbst dem wilden Coacoochee wurde ein bißchen feierlich zumute, als er das ungewohnte Schauspiel betrachtete. „Vielleicht hat Osceola recht", murmelte er leise zu sich selbst.

Osceola hob eine Hand zum Gruß. „Ich grüße den weißen Häuptling und seine Männer!" sagte er. „Ich freue mich, daß wir über den Frieden sprechen können!"

Im selben Augenblick schlugen hinter ihm die Tore zu, und die Soldaten stürzten sich auf die Seminolen. Die Indianer wehrten sich verzweifelt und schlugen verbissen um sich, aber die Übermacht der weißen Männer war zu groß. „Fesselt die elenden Hunde!" schrie Captain Thompson.

Coacoochees Gesicht war rot vor Zorn und Verzweiflung. „Verrat!" rief er, und sein Blick traf den verzweifelten Osceola. „Da siehst du, was die weiße Flagge den Soldaten wert ist! Ich habe es gewußt! Die weißen Männer sind falsch wie die Schlangen!" Er trat einem der Soldaten gegen das Schienbein und stieß einen wilden Schrei aus. Er wehrte sich verbissen gegen die Soldaten, bäumte sich noch einmal gegen die eisernen Griffe der weißen Männer auf, aber einer der Soldaten schlug ihm den Gewehrkolben in die Seite und stieß ihn zu Boden.

Captain Thompson lachte höhnisch. „Werft die verdammten Kerle in den Kerker!" rief er. „Legt ihnen Fesseln an und sperrt sie in den Keller!"

Coacoochee ballte die Fäuste. Er hatte es gewußt, aber Osceola hatte nicht auf ihn hören wollen. Jetzt mußten sie die Rechnung für ihre Gutgläubigkeit bezahlen. Aber so leicht würde es Coacoochee den Weißen nicht machen. Er würde fliehen und blutige Rache für diesen Verrat nehmen.

„Na, was sagen Sie jetzt, General?" fragte Thompson, als die gefangenen Indianer abgeführt wurden.

Der Kommandant lächelte gequält. „Gute Arbeit, Captain!" Aber er schlief in dieser Nacht sehr schlecht, und quälende Träume zauberten schreckliche Bilder vor seine Augen. Er sah die entsetzte amerikanische Öffentlichkeit, die seinen Verrat mißbilligte und ihn auslachte, weil er den Seminolen nicht mit anderen Mitteln beikam. Er sah seine Sterne von den Schultern verschwinden und das höhnische Gesicht des Präsidenten, der ihn einen Lügner schimpfte und ihn vom Dienst beurlaubte.

Nur Captain Thompson schlief zufrieden. Er hatte eine halbe Flasche Brandy auf seinen Erfolg geleert und träumte von einer sicheren und goldenen Zukunft. Die Anführer der Seminolen lagen in Fesseln, und keiner von ihnen würde das Gefängnis jemals wieder verlassen. Zwei Soldaten hielten vor den Zellen Wache, und es gab keine Möglichkeit zur Flucht für die Elenden.

Aber Captain Thompson hatte die Entschlossenheit und den wilden Zorn der Wildkatze der Seminolen unterschätzt. Und er dachte nicht daran, daß seine Soldaten vom langen Exerzieren am Morgen müde waren und dringend Schlaf brauchten. Die beiden Wächter lehnten längst schlafend an der Kellerwand und träumten von Whisky und hübschen Mädchen. Sie dachten an wilde Saufgelage und rauschende Feste und hatten die leidige Pflicht und die Indianer längst aus ihrem Bewußtsein verdrängt.

Darauf hatte Coacoochee nur gewartet. Er lächelte grimmig, zog sich in eine Ecke seiner Zelle zurück und zerrte verzweifelt an seinen Fesseln. Er wand seine Hände und rieb und stieß und zog, bis ihn der ganze Körper schmerzte und Schweiß aus allen Poren trat. Aber es gelang ihm nicht, die Stricke zu lockern. Er sank keuchend und enttäuscht gegen die Kerkerwand. Es hatte keinen Zweck, er schaffte es nicht. Und von seinen Stammesbrüdern konnte er keine Hilfe erwarten. Alle Gegangenen waren in Einzelzellen untergebracht, die durch dicke Mauern voneinander getrennt waren und einen Kontakt unmöglich machten.

Coachoochee zwang sich zur Ruhe. Er würde nur dann eine Chance haben, wenn er ruhig blieb und die Nerven behielt. Er mußte den Zorn über den Verrat und seine Enttäuschung über die Schlechtigkeit der Weißen aus seinem Gehirn verbannen. Er atmete tief durch. Er konzentrierte sich ganz auf seine Aufgabe und verbannte alle anderen Gedanken.

Dann rieb er wieder an den Fesseln und zerrte und würgte, bis er nicht mehr konnte und schwer atmend innehielt. Sein Gesicht war schweißnaß.

Er lauschte. Aus dem Gang vor den Zellen drang noch immer das Schnarchen der Soldaten herein. Sie würden ihm keine Schwierigkeiten machen. Er hatte gehört, wie sie getrunken hatten, und er wußte, daß der Alkohol des weißen Mannes die Sinne eines Menschen vernebelte.

Ich muß es schaffen, hämmerte es in Coacoochees Kopf. Ich muß mein Volk retten und es in die Freiheit führen. Ich darf meine Stammesbrüder nicht im Stich lassen. Er dachte an Jimmy und die vielen anderen Kinder, die in eine trostlose Welt hineinwuchsen, wenn er nicht freikam. Ohne einen entschlossenen Führer würden die Seminolen zersplittern, und die weißen Soldaten hätten leichtes Spiel mit ihnen. Sie würden Männer, Frauen und Kinder nach Westen schicken. In das Land, das die Weißen Reservation nannten, und von dem er so viel Schlechtes gehört hatte. Es sollte dort keine Blumen und kein Wild geben, und das Land war flach und staubig.

Der Gedanke an diese trostlose Zukunft gab Coacoochee neue Kraft. Er vertraute nicht darauf, daß sich einer seiner Stammesbrüder aus seiner Zelle befreien konnte. Mikenopah und Coeehajo waren zu alt, und bei den anderen hatte er eine tiefe Enttäuschung und Niedergeschlagenheit entdeckt, als sie von den Weißen abgeführt worden waren. Sie hatten nicht mit diesem Verrat gerechnet, sie wußten immer noch nicht, wie schlecht und gemein die Weißen sein konnten, und mußten sich erst von ihrem Schrecken erholen. Sie würden bestimmt nicht an Flucht denken, noch nicht.

Er aber war darauf vorbereitet gewesen. Er kannte die Weißen besser als alle anderen Seminolen und war eigentlich nur mit Osceola mitgegangen, weil er die Schwester seines Adoptivsohnes befreien wollte. Er hatte sie fast vergessen. Aber er durfte sich jetzt nicht mit dem Gedanken an das Mädchen belasten. Es ging ihr verhältnismäßig gut, und er konnte sie auch später befreien. Jetzt mußte er an sein Volk denken, an die Zukunft seines ganzen Volkes.

Er zerrte wieder an den Fesseln. Seine Handgelenke waren längst wundgescheuert, aber die Stricke lockerten sich jetzt, und Coacoochee gab nicht auf. Er scheuerte mit dem Mut der Verzweiflung an den Knoten, bis sie sich endlich lösten und er die Hände nach vorne nehmen konnte. Er hätte beinahe einen lauten Jubelschrei ausgestoßen und erinnerte sich gerade noch rechtzeitig daran, daß er sich gefangen bei den weißen Männern befand.

Coacoochee massierte seine wunden Handgelenke und leckte sich das Blut wie eine angeschossene Wildkatze. Dann kroch er zum Fenster. Es war groß genug, um einen ausgewachsenen Mann durchzulassen, aber vier massive Gitterstäbe verhinderten ein Entkommen. Die Hände des Häuptlings umklammerten den kalten Stahl, der ihn von der Freiheit trennte. Von der Sonne, dem Mond und den Sternen, von den Tieren im Sumpf und den Brüdern und Schwestern in den *chikees* seines Dorfes. Er rüttelte wütend an den Stäben und fluchte leise, als er plötzlich merkte, daß die Stäbe locker sa-

ßen und sich verhältnismäßig leicht aus ihrer Verankerung lösen ließen.

Ein grimmiges Lächeln huschte über die Züge des Häuptlings. Er würde es schaffen. Die Weißen hatten schlechte Arbeit beim Bau dieses Steinhauses geleistet, oder vielleicht war es auch einfach nur zu alt. Aber er würde die Gitterstäbe aus dem Kalkstein ziehen und in die Freiheit entkommen. Draußen würde alles ganz einfach sein, und er machte sich keine Sorgen darüber, wie er über die Mauern kommen würde. Zuvor aber würde er Osceola und die anderen befreien. Einer der Wächter besaß sicher einen Schlüssel.

Zehn Minuten später hatte es Coacoochee geschafft. Er war durch das Fenster nach draußen entkommen und hockte schnaufend auf dem Boden vor der Kommandantur. Er blickte sich vorsichtig um. Es war alles still im Fort, und in keinem der Quartiere brannte noch Licht. Die Soldaten auf der Kalksteinmauer blickten gelangweilt in die Dunkelheit.

Coacoochee atmete die erfrischende Nachtluft ein und kroch zum Fenster von Osceolas Zelle. Er zischte leise und wartete geduldig, bis das Gesicht des Häuptlings hinter den Gitterstäben auftauchte.

Osceola hielt den Atem an. „Wie bist du herausgekommen?" fragte er leise.

Coacoochee hielt ihm die blutigen Hände hin. „Die Stäbe saßen locker", antwortete er mit gedämpfter Stimme. „Ich habe sie herausgebrochen!"

„Und die Wächter?"

„Haben geschlafen", antwortete Coacoochee. Er blickte

sich wieder um, aber die Quartiere lagen ruhig in der Dunkelheit. Kein Laut drang von der Mauer und der Kantine herüber. „Ich hole euch aus der Zelle!" flüsterte er Osceola zu. „Habt Geduld! Ich bin gleich bei euch!"

Osceola schüttelte den Kopf. „Ich werde bald sterben", antwortete er leise. „Geh und führe du unser Volk in seinen letzten Kampf! Kümmere dich nicht um mich!"

Coacoochee blickte ihn wortlos an. Er hatte große Ehrfurcht vor Träumen und Visionen, und er glaubte an die düstere Ahnung Osceolas, so sehr er sie auch bedauerte. Wenn Osceola seinen Tod gesehen hatte, dann würde niemand daran etwas ändern können.

„Lebewohl!" sagte er deshalb und huschte davon.

10

Jimmy lenkte seinen Schecken hinter ein Gebüsch und blickte wie gebannt auf das Fort hinab. Die Kalksteinmauern leuchteten im bleichen Licht des Mondes und gaben der Festung ein gespenstisches Aussehen. Irgendwo dort unten war seine Schwester Sarah. Sie schlief im Stall bei den Pferden oder in einem Schuppen oder im Freien hinter dem Haus des Ladenbesitzers. Der Junge wußte es nicht genau, aber er hatte sich geschworen, diesen Ort nicht ohne das Mädchen zu verlassen.

Hinter Jimmy lag ein mehrtägiger Ritt. Er und Conchita hatten sich auf der Militärstraße gehalten, waren aber mehrmals in den Wald geflüchtet, wenn sich eine Abteilung Soldaten näherte. Sie durften nicht entdeckt werden. Die weißen Männer hätten den Jungen sofort zu seinem alten Herrn gebracht oder an einen neuen verkauft und hätten wahrscheinlich auch Conchita nicht widerspruchslos gehen lassen. Aber die beiden blieben unentdeckt und gelangten ohne Zwischenfälle nach Norden.

In der Nähe eines kleinen Ortes verabschiedete sich Conchita von dem Jungen. Sie brachte ihm noch einige Vorräte, die sie auf dem Markt des Dorfes erbettelt hatte, und zog dann allein weiter, um irgendwo eine neue Heimat zu suchen. Sie hatte Jimmy nichts über ihre Pläne gesagt, und er hatte auch nicht danach gefragt, weil er sie nicht unnötig quälen wollte.

Jimmy stieg vom Rücken des Schecken und band ihn hinter dem Gebüsch an einen Baum. Er gab ihm einen Klaps und schlich dann, jeden Baum und jeden Strauch als Deckung ausnützend, zu der Festung hinab. Er hatte keine Ahnung, ob Coacoochee und Osceola noch bei den Soldaten waren und wie es ihnen bei dem Friedensgespräch ergangen war. Aber er wollte auch keinen Tag länger warten, um das herauszubekommen. Die schrecklichen Ereignisse in dem spanischen Haus hatten ihm gezeigt, daß den weißen Männern nicht zu trauen war, und er wollte kein unnötiges Risiko eingehen. Wer sagte ihm, daß Sarah morgen noch am Leben war? Wer garantierte ihm, daß sie nicht von mordgierigen Siedlern erschlagen oder erschossen wurde?

Jimmy blickte angestrengt nach vorn. Er war jetzt noch ungefähr hundert Meter von der Mauer entfernt und konnte

schon die Gesichter der beiden Wächter auf dem Palisadengang sehen. Einer der Soldaten blieb stehen und zündete sich eine Zigarre an. Er sah sekundenlang in die Richtung des Jungen, aber Jimmy lag hinter einem großen Felsbrocken verborgen. Er blieb bewegungslos liegen, bis der Wächter weiterging und in der Dunkelheit verschwand. Dann schlich er näher an die Mauer heran.

Als der Junge die Mauer erreicht hatte, blieb er einige Sekunden lang schnaufend liegen. Seine Beinwunde war gut verheilt, und er spürte keine Schmerzen mehr, aber er war müde von dem anstrengenden Ritt und den Aufregungen der letzten Tage. Nach einer Weile blickte er an der Mauer hoch, die über ihm steil nach oben stieg. Er hatte sich bis jetzt noch keine Gedanken darüber gemacht, wie er in das Fort hineinkommen wollte, aber irgendwie würde es ihm schon gelingen.

Die Mauer kam nicht in Frage. Sie war zu hoch und außerdem aus Stein gebaut, so daß man nicht hinaufklettern konnte. Also mußte er eine List anwenden, damit die Soldaten das Tor öffneten und er unbemerkt hindurchschlüpfen konnte. Zuerst einmal wollte er aber die Mauern des Forts nach einer Lücke oder einer Tür absuchen. In dieser Gegend waren kaum Indianerüberfälle zu befürchten, und die Weißen hatten das Fort bestimmt nicht so abgesichert wie eine Festung in feindlichem Gebiet.

Er tastete sich vorsichtig an der Mauer entlang. Von oben drangen die Schritte der Wachsoldaten herab, aber sie würden bestimmt keinen Fremden am Fuß der Kalksteinmauer vermuten. Jimmy hörte sogar ihre Stimmen, wenn sie sich unterhielten, und er beeilte sich, aus ihrer Reichweite zu kommen. Er hielt sich dicht an der Mauer. Seine schwarze Hautfarbe kam ihm zugute und schützte ihn gegen den dunklen Hintergrund der Nacht.

Jimmy war verzweifelt. Die Mauer wies keine Lücke auf, und er wollte schon umkehren und über eine List nachdenken, als er plötzlich eine Tür in der Mauer entdeckte. Der Junge glaubte, seinen Augen nicht zu trauen. Er schloß seine Augen und öffnete sie wieder, aber die Tür blieb da. Vorsichtig schlich Jimmy näher. Die Tür war angelehnt. Er hätte beinahe einen Freudenschrei ausgestoßen, besann sich aber gerade noch rechtzeitig.

Er blickte nach oben. Von den Wächtern war nichts zu sehen. Er drückte die Tür vorsichtig nach innen und verschwand im Fort. Er befand sich hinter einem Schuppen und duckte sich flach auf den Boden, als er ein Geräusch hörte. Aber es war nur eine Katze, die nach Futter suchte und gegen eine Blechschüssel gestoßen war, die neben dem Abfallkübel lag. Jimmy atmete erleichtert auf und sah sich aufmerksam nach allen Seiten um. Wo war Sarah? Jimmy beschloß, sich zuerst beim Haus des Ladenbesitzers umzusehen, an den sie verkauft worden war.

Er hielt sich im Dunkeln und schlich hinter dem Schuppen vorbei. Er hatte die Ladenbaracke im nördlichen Teil des Forts entdeckt. Aber zwischen ihm und dem Laden lagen die Quartiere der Offiziere, und er mußte an der Vorderfront der Gebäude vorbei, da sie dicht an die Mauer gebaut waren und auf der Rückseite keine Durchschlupfmöglichkeit boten. Jimmy hielt den Atem an. Was passierte, wenn in einem der Quartiere Licht aufflammte oder ein Soldat nach draußen kam, um sich die Beine zu vertreten, weil er nicht schlafen konnte?

Der Junge vertrieb diese Gedanken und rannte geduckt an den Quartieren vorbei. Unter dem Vorbaudach hing ein Talglicht, dessen Schein ihn sekundenlang erfaßte, bevor er am Ende der Baracken anhielt. Alles blieb ruhig. Niemand schien ihn gesehen zu haben. Die Soldaten in den Quartieren nicht und auch nicht die Wächter auf der Mauer. Das Fort lag still und ruhig unter dem Licht des Mondes.

Jimmy war jetzt neben dem Laden angelangt. Er blickte vorsichtig in eines der Fenster und fuhr erschrocken zurück, als ein Licht aufflammte. Er hörte, wie jemand die Decken zurückschlug und aus dem Bett stieg. Sie haben mich entdeckt, dachte er entsetzt, gleich wird er herauskommen und mich erschießen. Aber der Ladenbesitzer war nur in die Küche gegangen und hatte ein Glas Milch geholt.

„Was ist denn?" fragte eine verschlafene weibliche Stimme.

„Ich konnte nicht schlafen", antwortete die Stimme des Ladenbesitzers. „Hab' mir 'n Glas Milch aus der Küche geholt!" Auch seine Stimme klang verschlafen und müde, und Jimmy atmete erleichtert auf, als bald darauf sein Schnarchen ertönte.

Hinter den Laden schloß sich ein stallähnliches Gebäude an. Wahrscheinlich das Vorratslager, dachte Jimmy. Er duckte sich, kroch unter dem Fenster vorbei und stieß gegen

die Tür des Schuppens. Sie bewegte sich nicht. Jimmy unterdrückte einen Fluch, versuchte es noch einmal und schnaufte zufrieden, als sich die Holztür nach innen schieben ließ. Es war stockdunkel in dem Raum, aber Jimmy hörte Atemgeräusche und blieb erschrocken stehen. Vielleicht war es Sarah, vielleicht aber auch ein anderer Sklave oder ein Gehilfe, der sofort Alarm schlagen würde, wenn er den Jungen entdeckte.

Jimmy ging das Risiko ein und trat in den dunklen Raum. Er schlich langsam auf die Gestalt zu, die im Dunkeln lag und regelmäßig atmete. Es war Sarah. Es war wirklich Sarah! Er erkannte ihre schmächtige Gestalt und den Blechring, den sie am kleinen Finger der linken Hand trug. „Sarah!" rief er leise.

Das Mädchen war augenblicklich wach und fuhr erschrokken von ihrem Lager hoch. Sie wollte schreien, aber Jimmy war schnell bei ihr und hielt ihr eine Hand vor den Mund. Sie wehrte sich verzweifelt und schlug mit Armen und Beinen um sich.

„Sarah!" sagte er leise. „Ich bin's . . . Jimmy! Ganz ruhig, Sarah! Ich bringe dich von hier fort!"

Sie starrte ihn ungläubig an. Dann erschlaffte ihr Körper in seinen Armen, und er nahm vorsichtig seine Hand von ihrem Mund. Sie begann zu weinen und legte ihren Kopf an seine Brust. Jimmy streichelte ihr Haar. „Nicht weinen, Sarah! Es ist alles vorbei!"

Sie beruhigte sich. „Wie . . . wie bist du hereingekommen?" fragte sie zögernd. „Wie hast du mich gefunden?"

„Das ist eine lange Geschichte", antwortete er leise. Er blickte sie an. „Haben dich die Weißen gut behandelt?"

Sarah sah ihn lange an. „Der Ladenbesitzer hat mich ein paarmal geschlagen, als ich nicht schnell genug gearbeitet habe! Aber er ist nicht so böse wie Barnes!"

Jimmy kniff die Lippen zusammen, als er den Namen des verhaßten Aufsehers hörte. Zu deutlich war noch die Erinnerung an die Zeit auf den Feldern des Pflanzers, an die Peitschenhiebe und die Drohungen. An die mißglückte Flucht und die Ermordung seiner Eltern. „Wo liegen unsere Eltern begraben?" fragte er.

„Hinter dem Stall!" antwortete sie. Sie klammerte sich fest an ihn. „Barnes war so wütend . . . er wollte sie erst . . . verbrennen lassen, aber der Pflanzer hat es . . . ihm verboten!"

Jimmy umklammerte ihre Hand. „Wir werden sie besuchen!" sagte er fest. „Wenn Coacoochee und Osceola erst das Friedenspapier von den Weißen bekommen haben und die Seminolen wieder . . ."

Sarah zuckte zusammen. „Die Seminolen?"

„Wir leben bei ihnen!" antwortete Jimmy stolz. „Ich bin jetzt Coacoochees Sohn, und er wird auch dich wie sein Kind behandeln! Er ist ein großer Häuptling!"

Sarah hörte gar nicht richtig hin. „Die Seminolen waren hier!" sagte sie leise. „Gestern. Osceola und dieser Coacoochee und ein paar Krieger! Ich habe es vom Laden aus gesehen!"

„Sie waren schon da?" fragte Jimmy leise. „Was ist passiert? Haben sie das Papier bekommen?"

Sarah schüttelte traurig den Kopf.

„Was ist passiert?" fragte Jimmy lauter, als er wollte. „Sag schon!" Er rüttelte seine Schwester an den Schultern.

„Sie sind im Gefängnis", antwortete Sarah niedergeschlagen.

„Im Gefängnis?"

„Die weißen Männer haben sie hereingelegt! Sie haben sie empfangen und so getan, als wollten sie mit ihnen sprechen. Dann haben sie sich plötzlich auf sie gestürzt!"

„Gab es . . .", fragte Jimmy entsetzt.

Sarah schüttelte den Kopf. „Es gab einen Kampf, aber keine Toten. Dann wurden alle ins Gefängnis geworfen!"

Jimmy brauchte einige Zeit, um die schlechte Neuigkeit zu verdauen. Dann straffte sich seine Gestalt. „Wir müssen sie befreien!" sagte er. „Wir dürfen sie nicht im Stich lassen!"

Sarah sah in ungläubig an. „Das geht nicht!" erwiderte sie erschrocken. „Sie sind im Kerker und werden bewacht . . ."

„Irgendwie muß es gehen!" sagte Jimmy. Er starrte einige Sekunden lang in die Dunkelheit und stand dann plötzlich auf. Er zog Sarah vom Boden hoch. „Komm!" sagte er.

Sarah folgte ihm verwirrt. Sie schlichen langsam zur Tür und warteten dort eine Weile, bevor sie ins Freie huschten und hinter der Regentonne in Deckung gingen. Von hier aus konnten sie fast den ganzen Exerzierplatz überblicken.

„Wo ist der Kerker?" fragte Jimmy leise.

Sarah deutete zu dem Gebäude am anderen Ende des Forts. „Dort hinten, unter der Kommandantur! Aber wir kommen nicht rein . . ."

„Wir müssen es versuchen!" antwortete Jimmy. „Sei vorsichtig, wenn wir an den Quartieren vorbeischleichen! Die Soldaten dürfen uns nicht sehen!"

Das Mädchen nickte stumm.

Jimmy drückte ihre Hand. „Bist du soweit?"

„Ja", antwortete Sarah.

Sie huschten lautlos an den Quartieren vorbei, hielten den Atem an, als sie durch den Lichtschein der Lampe mußten, und sanken auf der anderen Seite erschöpft zu Boden. Keiner von beiden merkte, daß ein Soldat aus einem der Quartiere getreten war. Er ging gähnend auf den Schuppen zu, neben dem sie kauerten. Er hatte sich nicht einmal einen Morgenmantel übergeworfen, aber die Luft war warm und feucht, obwohl es schon weit nach Mitternacht war.

„Vielleicht können wir die Wächter ablenken", sagte Jimmy leise zu seiner Schwester. Im selben Augenblick sah er den Soldaten. Entsetzen packte ihn, und er war sekundenlang unfähig, sich zu bewegen. Dann drückte er sich eng gegen die Schuppenwand und zog Sarah an sich.

„Was ist denn?" fragte Sarah. Jimmy deutete auf den näherkommenden Mann. „Um Gottes willen!" flüsterte sie.

Es war zu spät, um wegzulaufen. Die beiden konnten nichts anderes tun, als im Dunkeln sitzen bleiben und darauf hoffen, daß sie nicht entdeckt wurden. Aber der Soldat kam immer näher. Er mußte sie entdecken. Jimmy umklammerte seine Schwester. Er sprach ein leises Gebet und bat den lieben Gott, daß der weiße Mann Mitleid für sie empfand und sie laufenließ. Aber er wußte, daß ihm auch der liebe Gott nicht mehr helfen konnte. Der Soldat mußte seinen Vorgesetzten gehorchen und würde sie gefangen nehmen.

Einen Augenblick dachte Jimmy daran, den Mann anzuspringen. Aber er verwarf den Gedanken gleich wieder. Der Soldat war ein großer und kräftiger Bursche, der auch im Halbschlaf mit ihm fertig werden würde. Nein, es gab keine Rettung mehr für sie. Man würde sie entdecken und zu den Seminolen in den Kerker werfen.

Der Soldat stutzte. Er blieb stehen und schüttelte ungläubig den Kopf. Er hat uns entdeckt, dachte Jimmy entsetzt, gleich wird er schreien, jetzt ist alles aus. Im selben Augenblick erklang unweit von ihm ein leises Scharren, und eine Gestalt flog aus der Dunkelheit auf den ahnungslosen Soldaten zu. Jimmy sah ein Messer in der Hand des Angreifers aufblitzen und beobachtete mit offenem Mund, wie die beiden Körper aufeinanderprallten und sich über den staubigen Boden wälzten. Die beiden Gestalten kämpften verbissen in der Dunkelheit. Jeden Augenblick konnten andere Soldaten von dem Lärm angelockt werden und aus den Quartieren kommen. Sarah und Jimmy blieben wie versteinert sitzen und sahen dem grausamen Schauspiel zu. Der Soldat war stark und ein guter Kämpfer, aber der Angreifer hatte das Moment der Überraschung auf seiner Seite und gewann immer mehr die Oberhand. Jimmy sah die Messerklinge in seiner Hand aufblitzen, dann hörte er ein unterdrücktes Stöhnen, und der Körper des Soldaten lag still. Langsam ließ der Angreifer von ihm ab. Er wischte sein Messer im Sand trocken und ging auf Sarah und Jimmy zu.

Der Junge starrte ihm mit offenem Mund entgegen. „Coacoochee!" stieß er überrascht hervor. „Du?"

Coacoochee atmete schwer. „Wir müssen hier weg!" sagte er.

144

Jimmy schaltete schnell. „Komm!" sagte er. Er nahm seine Schwester bei der Hand und schlich mit ihr zu der Tür, die immer noch angelehnt war. Der Seminole folgte ihnen. Im Fort war alles still, aber sie vergeudeten keine Zeit und sprachen kein Wort, bis sie den Waldrand und Jimmys Schecken erreicht hatten.

„Wo sind Osceola und die anderen?" fragte der Junge.

Der Häuptling erzählte es ihm. Er berichtete von dem Verrat und seiner Flucht und Osceolas Todesahnung.

„Die anderen wollten bei ihm bleiben!"sagte er düster. „Aber die weißen Männer werden dafür bezahlen!"

Jimmy und Sarah schwiegen betroffen.

„Du bist uns gefolgt?" fragte Coacoochee. Er stieg auf den Schecken und zog Jimmy und Sarah zu sich auf den Rücken des Tieres. Sein Gesicht war von den Strapazen der Nacht gekennzeichnet.

Jimmy nickte stumm. „Ich hatte Angst um Sarah!" sagte er dann. „Ich hatte Angst, daß du nicht dazu kommen würdest, sie zu befreien!"

Coacoochee lenkte den Schecken in den Wald hinein. Im Fort hatte man den toten Soldaten noch nicht entdeckt, und kein Trompetensignal durchdrang die nächtliche Stille. „Du bist ein kluger Junge!" sagte er ernst. „Und du bist der wahre Sohn von Coacoochee!" Er trieb das Pferd zu einer schnelleren Gangart an und lenkte es zum Fluß, wo er sein Kanu versteckt hatte. „Ein Boot hinterläßt keine Spuren!" sagte er mit einem grimmigen Lächeln und stieg vom Pferd. Auch Jimmy und Sarah stiegen ab. Coacoochee jagte das Tier davon und

146

half den beiden in das Kanu. Dann griff er nach dem Paddel. „Wir haben einen weiten Weg vor uns!" sagte er.

Jimmy war in Gedanken versunken. Er hatte die Veränderung des Seminolen bemerkt. Er wußte, daß der Haß seines neuen Vaters auf alle Weißen ins Unermeßliche gewachsen war. Von nun an würde er keine Gnade mehr kennen. Keine Siedlung und kein Dorf würde mehr vor ihm sicher sein. Er würde alles niedermachen und seine Krieger in einen letzten und verzweifelten Krieg gegen die Soldaten führen. Eine Hoffnung auf Frieden gab es nicht mehr. Nur ein Volk konnte in Florida überleben. Jimmy war sehr traurig darüber, aber er wußte, daß es keine andere Lösung gab. Wie sonst sollte Coachoochee auf den blutigen Verrat an seinem Volk und seinen Freunden antworten?

„Krieg!" sagte Coacoochee grimmig, als hätte er die Gedanken des Jungen erraten. „Wir werden alle weißen Männer töten und ihre Frauen und Kinder davonjagen!" Er zögerte einen Augenblick und stieß dann den schrillen Kriegsruf seines Volkes aus.

„Rache für Osceola und Yehowlogee! Rache für mein Volk! Coacoochee schwört, bis zum letzten Atemzug zu kämpfen!"

11

Coacoochee hielt Wort. Er brauste wie ein Sturmwind über das Land, überfiel Siedlungen und kleine Farmen, und verschonte in seinem Zorn auch Frauen und Kinder nicht. Das Territorium duckte sich unter den Prankenhieben der Wildkatze, die kein Erbarmen mit den Weißen kannte und blutige Rache nahm für den Verrat an seinen Stammesbrüdern. Überall im Land erklang der unheilbringende Kriegsruf der Seminolen, und Rauchwolken kündeten von verbrannten Farmern und Tod und Verwüstung.

Auch Jimmy und Sarah und die anderen Frauen und Kinder litten unter dem Krieg. Noch hatten die weißen Soldaten nicht zurückgeschlagen, aber sie mußten vorsichtig sein und ständig ihr Lager wechseln. Sie wohnten jetzt nicht mehr in den bequemen *chikees*, sondern in hastig errichteten Strauchhütten, die sofort wieder zerstört wurden, wenn die Krieger von einem Rachefeldzug zurückkehrten und man die Gegend verlassen mußte. Coacoochee und die Männer hielten sich immer nur kurz im Lager auf, und Jimmy und Sarah sahen ihren Vater kaum noch.

Einmal aber blieben die Krieger über Nacht, und Coacoochee verkündete den größten Triumph seit dem Beginn des neuen Krieges zwischen Weißen und Seminolen. „Brüder und Schwestern!" rief er. Es war spät am Abend, und die Flammen des großen Feuers zauberten Schatten auf sein Gesicht. „Einer der weißen Verräter ist tot! Der Mann, den die

Weißen Captain Thompson nennen, starb unter den Messerstichen eines unserer Krieger!"

Lautes Triumphgeheul antwortete dem Häuptling. Auch Jimmy und Sarah, die am äußersten Rand des Zuhörerkreises im Schatten einer Strauchhütte saßen, fielen in die Schreie ein.

„Thompson ist tot!" wiederholte Coacoochee grimmig. „Und bald wird ihm auch der Mann, den sie Jesup nennen, ins Reich der Schatten folgen! Wir werden ihn ins Lager bringen und ihm einen grausamen Tod bereiten!"

Aber dazu kam es nicht. Präsident Andrew Jackson zog General Jesup aus Florida zurück und ersetzte ihn durch Zachary Scott, der entschlossener war als Jesup und die Seminolen durch einen großangelegten Angriff schlagen sollte. „Wir werden sie in die Sümpfe treiben, die verdammten Hunde!"

„In die Sümpfe?" fragte Colonel Armistead verwundert.

„Natürlich!" donnerte ihn der General an. „Oder wollen Sie dieses verdammte rote Pack am Leben lassen? Wollen Sie, daß sie der Regierung für die nächsten Jahrzehnte auf der Tasche liegen?" Der General paffte nervös an seiner Zigarre. „Nein, Mann! Sie schnappen sich tausend Soldaten und schlagen die Indsmen in den *pa-jay-okee*, oder wie sie dieses verdammte Gebiet sonst noch nennen!"

Der Colonel riß die Augen auf. „Aber, Sir!" sagte er, nachdem er sich von seinem Schrecken erholt hatte. „Diese Sümpfe wimmeln von Schlangen und Moskitos! Und meine Leute kennen sich nicht aus! Wir –"

„Unsinn!" unterbrach ihn der General mit dröhnender

Stimme. „Dann müssen sie es eben lernen! Sie werden doch wohl Manns genug sein, vier- oder fünfhundert Wilde zur Vernunft zu bringen!" Er trat ans Fenster und warf seine Zigarre nach draußen in den Forthof.

Armistead nickte ergeben. „Ja, Sir!"

„Gut. Dann machen Sie, daß Sie wegkommen! Erstatten Sie Meldung, wenn Sie den letzten der Kerle erwischt haben!"

„Zu Befehl, Sir!" Der Colonel salutierte und stapfte wütend nach draußen. Schon ein paar Stunden später verließ er mit tausend Soldaten das Fort. Die Männer hatten Verpflegung für mehrere Wochen dabei, und die meisten fluchten laut, als sie durch das Tor ritten. Es war Anfang Dezember, und keiner konnte mit Bestimmtheit sagen, ob sie an Weihnachten schon wieder zurück sein würden. „Wenn ich den Alten erwische, drehe ich ihm den Hals um!" flüsterte ein Soldat dem anderen zu.

Die Soldaten waren so mit sich und ihrer Wut beschäftigt, daß keiner den schlanken Krieger bemerkte, der ihnen in sicherem Abstand folgte und jedes ihrer Worte belauschte. Die Weißen sind wie Weiber, dachte er, sie klatschen und fluchen und vergessen dabei, an ihre eigentliche Aufgabe zu denken. Als der Krieger genug gehört hatte, lenkte er sein Pferd in den Wald und preschte durch das Unterholz davon. Ein zufriedenes Grinsen lag auf seinen Lippen.

„Was haben die Soldaten vor?" fragte Coacoochee grimmig. Er befand sich im Lager und erzählte Jimmy gerade von dem Kriegszug, den er hinter sich hatte. „Ist ihr neuer Oberbefehlshaber klüger als die Ratte, die sie Jesup nennen?" Er

150

war immer noch nicht darüber hinweg, daß General Jesup seiner gerechten Strafe entgangen war.

Arpeika grinste immer noch. „Er ist dümmer, als wir alle gedacht haben! Und seine Männer sind vorlaute Weiber, die den ganzen Tag reden und sich nicht umschauen!"

„Er hat Soldaten nach uns ausgeschickt?"

Arpeika wurde ernst. „Viele Soldaten", antwortete er.

„Die Zahl, die bei den Weißen tausend heißt!"

„Tausend?" rief Jimmy erschrocken.

Der Krieger schien unbeeindruckt. „Sie ziehen in die Sümpfe zum Okeechobee-See!" sagte er abfällig. „Sie werden umkommen, bevor sie einen von uns zu Gesicht bekommen!"

„In die Sümpfe?" fragte Coacoochee überrascht. Bisher hatten sich die Soldaten darauf beschränkt, die großen Siedlungen zu schützen und einzelne kleine Trupps in die *pajay-okee* zu senden. Mit einer so großen Streitmacht hatten sie sich noch nie in die Sümpfe gewagt. Der Häuptling verzog geringschätzig die Lippen. „Du hast recht!" sagte er zu Arpeika. „Und die anderen werden krank und schwach sein, wenn sie uns in die Arme laufen . . ."

„Du willst ihnen eine Falle stellen?"

Coacoochee nickte grimmig. „Wir werden sie am Okeechobee-See erwarten! Ich werde noch heute Späher aussenden und alle Krieger der Seminolen zusammenrufen lassen!"

Einige Tage später waren die Krieger bereit. Jimmy und Sarah standen am Flußufer und bestaunten die unzähligen Kanus, die von Frauen und Kriegern beladen wurden. Das Lager wimmelte von Männern, und Jimmy war ganz beeindruckt, daß sein neuer Vater über eine solch große Schar von Kriegern befahl. Er war kein gewählter Häuptling, aber Coacoochee hatte sich in dieser schweren Zeit zum Führer seines Volkes aufgeschwungen, und seine Leute wußten, daß sie ihm gehorchen mußten, wenn sie noch eine Chance haben wollten.

Mit großen Augen beobachtete der Junge, wie Coacoochee inmitten seiner Männer stand und Befehle schrie. Plötzlich entdeckte ihn der Häuptling. Coacoochee lächelte und kam seinem Adoptivsohn entgegen. „Jimmy", sagte er, „du bist älter geworden und fast schon ein Krieger. Willst du uns begleiten und während des Kampfes auf die Kanus aufpassen?"

Jimmys Augen leuchteten vor Stolz. Er hatte nicht damit gerechnet, seinem neuen Vater helfen zu dürfen. „Ja", sagte er, „ich werde dich nicht enttäuschen!"

„Gut", antwortete Coacoochee, „dann hol deine Sachen und verabschiede dich von deiner Schwester! Wir haben einen weiten Weg vor uns und wollen gleich aufbrechen!"

Bald darauf waren Coacoochee, sein Adoptivsohn und vierhundert Krieger der Seminolen unterwegs. Sie brauchten drei Tage, bis sie den Okeechobee-See erreichten. Jimmy war sehr beeindruckt von dem weiten und unendlichen See, dessen Wasser sich bis zum fernen Horizont erstreckt. Die Ufer waren mit Schlingpflanzen und Zypressen bewachsen, die weit über das Wasser hinausragten. Auf dem See schwammen verfilzte Bauminseln, die mit abgestorbenen Zypressen und Schilf bewachsen waren.

„Wir haben die Soldaten gesehen", berichteten die Späher,

die Coacoochee am Morgen des Tages ausgeschickt hatte. „Wir werden leichtes Spiel mit ihnen haben!"

Coacoochee nickte zufrieden. „Wir verstecken die Boote in den Büschen!" sagte er. „Beeilt euch!"

Die Krieger paddelten lautlos ans Ufer und zogen die Boote ins Unterholz. Es dauerte keine zehn Minuten, bis sie die Kanus so versteckt hatten, daß man sie nur nach mehrmaligem Hinsehen bemerkte. Die Boote waren mit Schilf und Schlingpflanzen bedeckt und waren kaum noch gegen den dunklen Hintergrund der Bäume zu unterscheiden.

„Du bleibst hier", sagte Coacoochee zu Jimmy. Er reichte ihm ein Gewehr, das er vor einiger Zeit einem toten Weißen abgenommen hatte. „Kannst du damit umgehen?"

Jimmy nickte stolz. „Ja", sagte er.

Coacoochee legte beide Hände auf die Schultern seines Sohnes. „Benutze die Waffe nur, wenn es nicht anders geht!" sagte er. „Und dann ziele gut! Die Weißen werden dich nicht schonen, wenn sie dich hier finden!"

„Ich weiß", sagte Jimmy. Er schluckte trocken. „Ich werde mich gut verstecken und auf euch warten!"

Coacoochee lächelte zufrieden. „Wir werden bald zurück sein!" Er umarmte seinen Adoptivsohn und ging zu den Kriegern zurück. Jimmy hörte seine dröhnende Stimme und sah ihn dann mit den anderen Kriegern ins Wasser steigen und zu einer der Bauminseln schwimmen. Die Krieger hielten ihre Gewehre über den Kopf, stiegen an Land und versteckten sich im Gebüsch der Insel. Drei andere Trupps verteilten sich am Ufer und verschwanden im Unterholz. Sekunden später war nichts mehr von den Seminolen zu sehen, und die Sümpfe lagen fast unheimlich still unter der brennenden Sonne.

Jimmy zog sich in ein Gebüsch zurück. Er wagte kaum zu atmen. Er hatte noch nie gesehen, wenn sich die Weißen und die Indianer bekriegten, und sein Herz klopfte bis zum Hals. Würde Coacoochee die Soldaten überraschen können? Würde es ihm gelingen, die Übermacht der weißen Männer zu besiegen? Jimmy spürte leise Zweifel in sich aufsteigen, aber er hatte Vertrauen zu seinem Vater und wußte, daß er alles tun würde, um sein Volk vor dem drohenden Untergang zu retten.

Die Krieger hatten inzwischen die Lichtung erreicht, auf der sie die Soldaten erwarteten. Sie hockten lautlos in ihren Verstecken und lauschten den vielfältigen Geräuschen der *pa-jay-okee*. Dem Plätschern des Wassers, dem Rauschen des Windes in den breiten Baumkronen, und dem lauten Quaken der Ochsenfrösche. Aber es klangen noch andere Geräusche durch die Wildnis, die so gar nicht in die natürliche Umgebung der Sümpfe passen wollten. Das Klappern von Metall, stolpernde Schritte und laute Stimmen, die alles und jeden verfluchten. Dazwischen tönte eine dröhnende Stimme laute Befehle.

„Die Soldaten", sagte Arpeika dicht neben seinem Häuptling.

„Sie laufen uns direkt in die Falle!"

„Sie sind dümmer als Wasserschlangen", sagte Coacoochee leise. Er umfaßte sein Gewehr und duckte sich noch tiefer hinter dem Baumstamm, den er als Deckung gewählt hatte.

„Wir warten, bis sie ganz herangekommen sind!" sagte er leise, und Arpeika gab seinen Befehl weiter.

Die Soldaten kamen immer näher. Sie ahnten nichts von der tödlichen Gefahr, in der sie schwebten. Erschöpfung und Fieber hatten ihre Sinne vernebelt, und die meisten waren am Ende ihrer Kräfte. Viele waren an Schlangenbissen gestorben oder einfach vor Erschöpfung liegengeblieben und ertrunken, andere waren zurückgeblieben und hatten sich in den Sümpfen verlaufen. Fast alle litten unter den Moskitos, die in dunklen Wolken über sie herfielen. Sie wußten nicht, wie lange sie schon in dieser Hölle unterwegs waren, und hatten keine Ahnung, daß der Kalender im Zimmer von General Scott den 20. Dezember des Jahres 1837 anzeigte.

Coacoochee sah die Erschöpfung in den Gesichtern der Soldaten und lächelte zufrieden. Er legte einen Finger um den Stecher seiner Waffe. Als die Weißen bis auf wenige Meter herangekommen waren, drückte er ab. „Rache für Osceola!" schrie er. „Rache für Yehowlogee, Mikenopah und Coeehajo!"

Seine weiteren Worte gingen im ohrenbetäubenden Lärm der Schüsse und im Schreien der Verwundeten und Sterbenden unter. Der Lärm drang bis zu Jimmy in seinem Versteck. Der Junge zuckte erschrocken zusammen, kam aus seiner Deckung und blickte entsetzt in die Richtung, aus der die Schüsse und die Schreie kamen. Er öffnete den Mund zu einem lautlosen Schrei, schlug beide Hände vors Gesicht und begann, hemmungslos zu weinen.

Er weinte noch, als Coacoochee vor ihm auftauchte und sein Gesicht anhob. „Es ist vorbei", sagte der Häuptling.

Jimmy schluckte heftig. „Wo sind . . . die anderen?"

Coacoochee streichelte seinem Adoptivsohn über den Kopf. „Sie kommen nach! Wir haben einen großen Sieg errungen! Die meisten Soldaten sind tot oder geflohen!" Aber sein Gesicht war trotz des Triumphes seltsam traurig.

„Was hast du?" fragte Jimmy leise. „Ist der Krieg noch nicht vorbei? Gibt es keinen Frieden jetzt? Haben die weißen Männer noch nicht genug?"

Der Häuptling blickte auf den See hinaus. Auf einer Bauminsel entdeckte er einen Sandhügelkranich, der mit hängenden Flügeln im Schilf stand und langsam zu Boden sank. Das Tier war von einer verirrten Kugel getroffen worden und lag im Sterben.

„Unserem Volk wird es so ergehen wie diesem Kranich!" sagte Coacoochee, und seine Stimme klang jetzt schwer und traurig. „Die Übermacht der Weißen ist zu groß. Ich habe es am Tag unseres großen Erfolges von den Göttern erfahren! Wir werden langsam sterben und zugrunde gehen!" Er seufzte und umarmte seinen Sohn, damit er seine Tränen nicht sah. „Geh zu den Weißen!" sagte er. „Dort hast du es besser als bei uns!"

Jimmy blickte zu dem Kranich hinüber, der sich verzweifelt gegen den Tod aufbäumte und heftig mit den Flügeln schlug. „Nein!" sagte er entschlossen. „Ich bleibe bei dir! Du bist mein Vater, und ich bin dein Sohn! Wir müssen zusammenbleiben!"

Coacoochee umarmte ihn. „Wir haben immer noch unsere Geschichte, unsere Träume und die Erinnerung an das, was

einmal war. Das ist mehr, als die meisten Menschen von sich sagen können!" Er nahm Jimmy bei der Hand und ging mit ihm ans Ufer, um den anderen Kriegern an Land zu helfen.

Quellenverzeichnis

Coacoochee, Osceola und viele andere in diesem Buch geschilderte Personen haben wirklich gelebt. Viele der beschriebenen Ereignisse und besonders der gemeine Verrat in Fort Peyton und die Schlacht am Lake Okeechobee haben sich wirklich zugetragen. Folgende Quellenwerke wurden neben vielen anderen Büchern und Aufzeichnungen beim Studium zu dieser Erzählung zu Rate gezogen, um ein möglichst wirklichkeitsgetreues Bild der damaligen Zeit und ihrer Menschen zu geben:

Handbook of American Indians North of Mexico
von Frederick W. Hodge
New York, 1960

The Seminoles
von Edwin C. Reynolds
Norman, Oklahoma, 1957

A Guide to the Indian Tribes of Oklahoma
von Muriel H. Wright
Norman, Oklahoma, 1951

The Seminole Indians
von Sonja Bleeker
New York, 1955

A Pictorial History of the American Indian
von Oliver LaFarge
New York, 1956
und andere Bücher, Zeitschriften und Aufzeichnungen.